叢書「排除と包摂」を超える社会理論 1
〔関西学院大学先端社会研究所〕

中国雲南省少数民族から見える多元的世界

国家のはざまを生きる民

荻野昌弘+李永祥 編著

明石書店

叢書『「排除と包摂」を超える社会理論』序文

　叢書『「排除と包摂」を超える社会理論』全三巻は、関西学院大学先端社会研究所共同研究「「排除」と「包摂」の二元論を超える社会調査」（2012-2015年度）の研究成果である。その出発点は、次のような問題意識にある。

　1970年代以降、欧米社会では、「包摂型社会」から「排除型社会」へと移行しているという認識が生まれた。この傾向は、1990年代以降、グローバリゼーションとネオリベラリズムの大波の中、急速に進行していることは明らかであろう。そして、欧米社会のみならず、日本社会においても、同様の動きが、顕在化している。
　こうした動きに対して、社会のあり方を再創造する新たな社会思想の登場が期待されており、日本においても、たとえば、西欧思想史を援用しつつ、社会を多様性と複数性、流動性と包摂性からなる、「多にして一」の世界として再構想する思索などが登場している。
　もっとも、社会の再創造は、西欧思想史を導きの糸としてその作業を行う立場とともに、西欧とは異なる地域における生の経験に学びつつ、これを行うという道筋もありえるであろう。
　本研究は、欧米における社会思想形成の動向に配慮しつつも、後者の立場に立った社会構想研究を実施するものである。具体的には、「排除」と「包摂」の二元論的思考を超え出て、アジアにおける「排除」と「包摂」をめぐる経験の多様性の中から、「排除型社会」とは異なる社会のあり方を構想する知的資源、あるいは「排除型社会」を生き延びるための社会理論を取り出そうとするのが、本研究がめざすところである。

　以上のような問題意識に基づいた、四年間にわたる、さまざまな地域にお

ける調査と共同討議が、本叢書全三巻に結実した。本叢書を契機として、「排除」と「包摂」を「超え出る」ような議論が新たに高まれば幸いである。

　　　　　　　　　　　叢書『「排除と包摂」を超える社会理論』編著者一同

はじめに

　明治維新以来の日本の知識人は、西欧の社会に関する知との関連において、社会を捉えようとしてきた。その多くは、西欧発の社会思想と社会科学を多かれ少なかれそのまま受容するものだった。ただ、その一方で、西欧流の社会に関する知識と思考に違和感を感じ、これを表明する知識人も存在した。たとえば、かつて詩人の吉本隆明が、「アフリカ的段階」や「アジア的」なものにこだわったのは、西欧の社会思想における「社会」が、主に西欧の歴史から抽出されたものであることに対する違和感に起因している。そこには、近代社会の理念型から外れた世界が西欧的知の埒外にあることへの批判的意識がある。

　吉本は社会科学者ではなかったので、そこから実証的研究に向かうことはなかった。ただ、戦前から、吉本と同様の問題意識を持って、実際に調査研究を行っていた研究者も存在した。たとえば、宮本常一がそうである。宮本は、農耕・定住とは異なる生活形態をとっていたひとびとに関する調査を日本中で行った。

　また、日本を含む東アジア各地を調査した鳥居龍蔵もそのひとりである。私は、20世紀初頭に鳥居が訪れた雲南省の「少数民族」に興味を持ち、1994年から三年間、毎年雲南の地に足を運んだ。そこで、雲南社会科学院の民俗学者尹紹亭氏から本書のもうひとりの編者である李永祥を紹介され、当時外国人ではなかなか足を踏み入れることができなかったイ族（彝族）の村を訪れることになった。そのときに、「アジア的」なものの省察には、この村こそ参照されるべき場所だと感じた。それから14年ほど経ち、李永祥と再会し、あらためて共同で雲南省を研究すべきではないかという話になり、関西学院大学先端社会研究所共同研究「「排除」と「包摂」の二元論を超える社会調査」（2012-2015年度）の「中国境界域／雲南」班が立ち上げられ

た。また、科学研究費基盤研究（C）（一般）「中国雲南省の少数民族における文化変容に関する社会学的研究」（2013-2016 年度　研究代表者　林梅）の助成も受けた。本書は、これらの共同研究の成果の一部である。

　今日、世界におけるアジアの位置も大きく変化しており、そのなかで、新たな社会科学の構築が求められている。本書がその一助になればと願ってやまない。

　最後に、本書の刊行を快くお引き受けいただいた明石書店の神野斉氏、丁寧に編集作業をしていただいた秋耕社の小林一郎氏に心から感謝したい。

　2017 年 3 月 3 日

編著者

新平イ（彝）族タイ（傣）族自治県

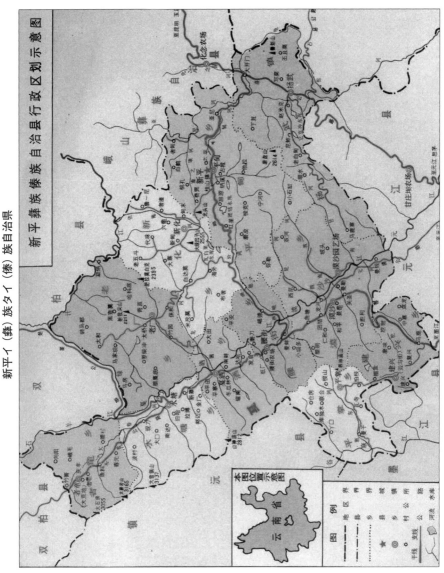

雲南省玉溪市にある。本書で主に取り上げた調査地では、新平（県城）、戛洒、漠沙、竹園（竹園）などが確認できる。

目　次

叢書「排除と包摂」を超える社会理論 1
〔関西学院大学先端社会研究所〕

中国雲南省少数民族から見える多元的世界
―― 国家のはざまを生きる民

荻野昌弘・李永祥　共編著

叢書『「排除と包摂」を超える社会理論』序文　3
はじめに　5

第1章　国境のなかで生きるひとびと、国境を知らざるひとびと　荻野昌弘　13

1　オランダ共和国の誕生　13
　　レンブラントの時代　13
　　共和国の神話　14
　　排除と包摂のメカニズム　16

2　他者の創出　17
　　ホッブズとロック　17
　　他者像の構成　19

3　アジアにおける支配と空間　22
　　王国の空間表象　22
　　中国王朝における「国」と「民」　24
　　雲南のひとびと　26
　　雲南の山岳地帯　28

4　社会概念再考――国家を知らない世界をいかに捉えるのか　29
　　民族と支系――集団のカテゴリー　29
　　社会像の転換　31

　　　　　排除と包摂を超えて――グローバリゼーションのなかで　34

第2章　小盆地と山上――雲南省新平県における民族と地理、
　　　およびその社会的変遷　　李永祥／翻訳：村島健司　39
　　1　はじめに――雲南の小盆地概念　39
　　2　新平県の小盆地と山上　40
　　　2-1　新平県の地理と民族　40
　　　2-2　新平県の小盆地と山上　43
　　3　小盆地と山上の社会文化的変遷　47
　　　3-1　1949年以前の新平県における小盆地と山上　47
　　　3-2　1950～1979年における新平県の小盆地と山上　50
　　　3-3　1980年以降の小盆地と山上　52
　　4　小盆地および山上の社会適応と未来における
　　　都市化の趨勢　54
　　　4-1　生態環境と社会適応　54
　　　4-2　民族関係と社会文化的協同　55
　　4　4-3　将来における都市化との融合の趨勢　57

第3章　ある山上の少数民族村落の変貌
　　　――竹園村1996～2015　荻野昌弘／村島健司　61
　　1　龍神祭　62
　　　祭りの復活　62
　　　境界と中心の設定　66
　　2　食と供犠　67
　　　食と動物　67
　　　生贄の意味　69
　　　余剰回避の原則　72
　　3　学校教育と消費文化　73
　　　学校教育の問題点　73
　　　写真と自己像　74
　　　就学と都市への移動　76

4 竹園村 2015　77
        市場経済と竹園村　77
        追跡調査 1996 〜 2015　78
        龍神祭のメタモルフォーゼ　80
        学校教育と移動　81

    コラム1▶雲南と少数民族を見る視線
        ──笑顔と投げ槍──　佐藤哲彦　84

第4章　**小盆地の都市再開発──新平県県城・戛洒と
「文化」の創出**　荻野昌弘／村島健司／林梅　89

    1 戛洒とタイ族の民族文化表象　90
        マージナルな存在としての戛洒鎮タイ族　90
        花腰タイの表象　91

    2 県城の都市開発と民族文化　92
        イ族文化と文化的再開発　92

    3 ダム建設に伴う移住──あるハニ族村落の事例から　95
        ハニ族の移住　95
        移住による産業構造の変容　96

    4 文化の誕生と全体性の終焉　98
        身体性の消滅　98

    コラム2▶新平県城老街　西村正男　101

第5章　**中国の民族、エスニック・グループと
民族識別**　李永祥／翻訳：宮脇千絵　105

    1 エスニック・グループ、民族とエスニシティ　105
    2 中国の民族識別　108
    3 第二代民族政策およびその批評　115
    4 小結　116

    コラム3▶雲南における〈葛藤を生じない多文化関係〉　金明秀　119

第6章　錯綜する民族境界——中国雲南省のタイ族の観光化を
　　　　事例として　　　林梅　123
　　　1　はじめに　123
　　　2　調査対象と調査方法　124
　　　3　中国特有の民族の構造——支系を中心に　126
　　　4　民族村——民族の大団結　129
　　　5　新平花腰タイの観光開発　131
　　　　　5-1　自称としてのタイサー、タイヤー、タイカーの差異　132
　　　　　5-2　花腰タイという他称の活用　133
　　　6　P村の二つの実践　137
　　　　　6-1　花腰タイとしての実践　137
　　　　　6-2　タイサーとしての実践　139
　　　7　錯綜する民族境界　140

第7章　永遠の聶耳——そのメディアとの関わり　西村正男　147
　　　1　聶耳の短い人生とメディア　147
　　　2　メディアにおける死後の聶耳　151
　　　3　各地での顕彰活動　153
　　　4　まとめ　156

終　章　他者を見よ
　　　——グローバリゼーションを超えて　荻野昌弘　159
　　　1　移動の意味　160
　　　　　デュルケームの社会概念　160
　　　　　タイ族の移動　162
　　　2　同一性の連鎖　164
　　　　　山に生きるひとびと　164
　　　　　秩序形成から同一性の連鎖へ　166
　　　3　他者を見よ——排除と包摂の論理を超えて　168
　　　　　国家と境界　168

　　　　他者と記号論理　　170
　　　　移動するひとびと　　172
　　　　他者浸食論　　173
　　　　同一性の連鎖の可能性　　175
　　4　エピローグ　　176

索　引　180

第1章

国境のなかで生きるひとびと、国境を知らざるひとびと

荻野昌弘

1　オランダ共和国の誕生

レンブラントの時代

　アムステルダムの王立美術館には、オランダの代表的な画家レンブラントの作品が展示されている。そのなかでも『夜警』は代表的な作品で、美術史において重要な位置を占めており、その前には人だかりができている（写真1）。『夜警』は、1642年の作品で、原題は、『フランス・バニング・コック隊長とウィレム・ファン・ラウテンブルフ副隊長の市民隊』という。当時、オランダは、スペインとの戦争のただ中にあった。

　この戦争は、『夜警』が描かれた1642年から70年以上も遡った1568年の蜂起から始まっている。のちにオランダ共和国となる地域は、スペインとオーストリアの国王を兼ねるカール五世の支配下に置かれていたが、1555年、カール五世は王位を息子のフェリペ二世に譲り、オランダは、スペイン国王首席顧問アルバ侯が統治することになった。ところが、アルバ侯は、地域で支配的であったプロテスタンティズムを認めず、プロテスタントの処刑を辞さない圧政を進めたため、1568年オラニィエ公ウィレム一世が反旗を翻した（佐藤 2012：40）。それから、80年後の1648年ミュンスター講和条約が締結されるまで、オランダはスペインとの戦いを続けたのである。『夜警』は、条約締結の6年前に、アムステルダムの市民軍の注文を受けて、レンブラントが制作したものである。

『夜警』に見入るオランダ王立美術館の来館者たち

　オランダの軍隊は、傭兵などではなく、市民兵によって構成されている。1586年、事実上共和国となったオランダは、その前年に暗殺されたオランィエ公ウィレム一世の次男オランィエ公マウリッツが軍を統率した。ロジェ・カイヨワは『戦争論』のなかで、オランィエ公マウリッツが歩兵隊を創設したことを指摘している（Caillois 1963 = 2002：70）。カイヨワによれば、歩兵隊は、戦争が貴族の専有物ではなく、徴兵制と結びつき、軍隊への参加が市民の権利と義務となるよう促したという。レンブラントの『夜警』に描かれている市民軍は、まさにこうした市民の軍隊なのである。『夜警』が描かれたとき、アムステルダムは経済の中心であるばかりでなく、ホラント州の州都として、事実上オランダ諸州の頂点に立っていた。

共和国の神話
　オランダにおける統治は、地域外に主権者を提供してもらうかたちで行われており、スペイン国王による統治も、当初は地域の合意の下にあった。また、北部のフリースラントは、「領主なきフリースラント」と呼ばれ、統治者の存在自体を認めない余白の地域だった。たしかに、16世紀後半から、オランダのさまざまな地域で、スペインに対する蜂起が起こった。信仰の自

第 1 章 国境のなかで生きるひとびと、国境を知らざるひとびと

由のような自由の侵害に対して、社会階層を越えて抵抗してはいた。しかし、自由を求めての抵抗を、そのまま国家としての独立への志向として捉えることはできない。外部に権威の源泉を求めることで、地域間の最低限の統合を図る統治形態を採っていたオランダ（と呼びうる地域）にとって、内部に君主を戴くことは、そもそも選択肢のなかには入っていなかった。オランダ北部諸州は、当初スペインに代わる新たな君主をフランスやイギリス国王に求めたが、いずれもこれを拒んだため、外部に君主を求めることを断念し、事実上「独立」した状態になった。それが結果的にオランダ共和国を生むことになったのである。オランダ共和国は、必ずしもオランダ人が明確に「独立」をめざした結果生まれたものではなかった。1596 年には、フランスのアンリ四世とイギリスのエリザベス女王がオランダの独立を認め（Braure 1974 = 1994：50）、同盟が結ばれて、独立は他者から認知される。そして、レンブラントが『夜警』を制作してから 6 年後に、かつての宗主国だったスペインも、独立を認めることになるのである。

オランダ人さえ、当初は予期していなかった共和国の誕生は、その成立当初からヨーロッパ、特にイギリスの知識人たちにとって、大きな意味を持った。ジョン・ロックは、1683 年からイギリスで名誉革命が起こるまでオランダに亡命していたし、ウィリアム・ペティは、オランダのように言論の自由を保証し、異質な存在を公に認めるほうが、社会秩序の維持にも役立つと説いている（Petty 1983：263）。オランダ共和国は自由を尊重する市民国家のモデルとして認識されていたのである。また、18 世紀になると、ドイツの作家フリードリッヒ・シラーが、『オランダ独立史』を執筆している。その冒頭は、「世界史において十六世紀をもっともかがやかしい世紀となしたもっとも注目に値する国家的事件の一つは、ニーデルランゲの自由の建設であると思う」という文から始まる。シラーにとって、オランダ共和国は「市民の威力をあらわすこの美しい記念碑（Schiller 1788 = 1996：20）」だった。

こうして、16 世紀なかばからのオランダ史の紆余曲折は、遡及的に、自由と独立を勝ち取っていく歴史として、記述されるようになった。そして、独立への戦いこそが自由を保証する市民国家を生み出すという神話が、歴史的価値を持つようになっていった。オランダは、いわば事後的に市民国家のモデルとなったのである。

排除と包摂のメカニズム

そもそも、オランダには、多くのプロテスタントが信仰の自由を求めて移動してきた。特に、フリースラントのように、北部は君主が実質的に支配することを嫌う地域だった。そこは他地域からの流民を受け入れる場でもあり、国境を明確に定め、共和国の領土を確定しようとする試みとは、本来的に相容れないはずであった。それにもかかわらず、スペインとの戦争を通じて、この地域は、固有の人口と領土を持つ共和国となった。その結果、一方で、流動性こそが価値であるにもかかわらず、他方で共和国の内部と外部を厳密に分割する制度を構築していかなければならなくなった。

それは、地域の内部に位置する存在、具体的にはスペイン軍を地域外に「排除（exclusion）」することから始まっている。同時に、地域内部の「市民」は、地域内部に「包摂（inclusion）」され、社会的にメンバーシップが認められるようになる。この排除と包摂を効率的に行うメカニズムを前提として共和国は成立する。共和国の内部と外部は截然と区分され、敵と見なされた他者は外部に排除され、市民は共和国内部の成員として、自由を全面的に享受する権利を得る。

したがって、近代国家において、排除と包摂は二項対立的な関係にあるわけではない。それは補完的な役割を果しながら、ともに国家秩序を維持する基本原理を構成している。まず、国家の包摂の対象となるのは、「国民」である。あるいは、社会契約説に基づけば、ひとたび国家に権力を譲渡したうえで、国民は自発的に国家による庇護（＝包摂）の対象となる。ただ、一方で、包摂の対象は、国家内部にはとどまらない。元々、流動性に積極的に意義を見出していた社会であるため、国家外部に包摂の対象を求めていくのである。

ヴェルナー・ゾンバルトは、『戦争と資本主義』のなかで、16世紀から始まるアフリカの植民地化にふれている。1621年に、アフリカ西海岸とアメリカ東海岸の貿易を独占する権利を持つオランダ西インド会社を設立したことで、オランダは、すでにアフリカに植民地を築いていたポルトガルと戦争になり、1641年に、ポルトガルの城塞をすべて征服する（Sombart 1913 = 2010：28）。つまり、オランダは、スペインから完全に独立しようとする戦争のただ中に、同時にアフリカやアメリカ大陸における支配を固めていったのである。

これは、近代国家成立において決定的なできごとである。なぜなら、国家を支える排除と包摂のメカニズムは、固定的ではなく、動的な性格を持つ点を示しているからである。ある時点で、国境の外部に排除された世界は、そのまま排除され続けるのではなく、常に包摂の対象として期待されている。世界全体が、潜在的には包摂の対象となるのである。この時代、オランダ共和国の膨張を正当化する論理を構築しようとしたのがヒューゴー・グロティウスであり、『戦争と平和の法』（1625年）では、いかなる正義の名において、戦争する権利（right of war）が認められるのかについて論じている。

2　他者の創出

ホッブズとロック

　一方で、支配者からの独立をめざしながら、他方で支配者として領土外部を支配しようとする。オランダにかぎらず、近代国家は、こうした根本的に矛盾するふたつの志向性を有している。スペインがオランダの独立を認めた1648年、時を同じくしてイギリスでピューリタン革命が起こる。王権を倒し、市民政府が樹立されるが、一方で、オランダに対抗して、アフリカの植民地化を進めていくため、1662年に、「アフリカ貿易に従事する王立イギリス冒険者会社」を設立する。革命後のフランスや明治維新後の日本など、近代国家の樹立は、単に王権を倒すだけではなく、国家外部の支配への欲望を惹起するのである。アメリカの独立は、すぐには外部への侵攻を導かないように見えるが、先住民を駆逐しながらの大陸西部への侵攻は、植民地化への動きそのものだといえる。

　このように、国境による領土の確定だけではなく、国境の外部を空間的に支配しようとする志向性を正当化する言説は、トーマス・ホッブズやジョン・ロックのようなピューリタン革命以後に登場したイギリスの思想家たちの主張に端的に表れている。

　ホッブズの『リヴァイアサン』は、ピューリタン革命直後の1651年に刊行されている。ホッブズは、人間は知力においても、体力においても顕著な差は見られず、その意味で、人間はみな平等であると考える。しかし、能力の点で平等であるがゆえに、複数の人間がひとつのものを欲した場合、それ

を巡っての争いが始まり、それぞれ相手を屈服させようとして「戦争状態」が起こる。自然条件のなかでは、常にこのような個人のあいだの闘争が生じる危険性があり、産業を起こし、富を蓄積して豊かな生活の基盤を築くことは不可能である。そこには、死の危険性に怯える、「孤独で、貧しく、つらく、ほとんど獣に等しい」生活しかない。

　ホッブズは、自然状態を単なる理論的仮説ではなく、実際に存在すると考えていた。ホッブズはいう。

　　このような時代（自然状態のこと）も、このような戦争状態も、どこにもあった試しはないとひとは考えるかもしれない。たしかに私も、世界中のあらゆるところでそうであったとは思わない。しかし、現在多くの地域で、このように生きている人間がいるのである。事実、アメリカ大陸のいたるところで、自然の欲望のみにしたがって和合する小規模の家族的結合を除けば、何らの政府も持たない未開人が、今もほとんど自然状態のままで生きている（Hobbes 1651 = 1992：82）[1]。

ここに描かれているような、無秩序が支配しており、常に死の危険性と直面せざるをえない自然状態を克服するために、人間は完全な自由の享受を放棄して、国家に権力を行使する権利を委ねる。それは、人間が自然状態の対立のなかで、死の危険に脅えながら他人に対して支配を及ぼす努力をするより、快適な生活を生業によって得ることのほうを選ぶからである。「人間」は、自然状態では対立するばかりで、協力的な関係を築くことができず、国家という枠組みを持って、はじめて国民としての同一性の下に、互いに異なった部分を認め合うことが可能になるとホッブズは考えていた。

　ここで国民互いの異なった部分、つまり差異は、国家によって設定された個々の所有権にある。ホッブズによれば、個人がその労働と才覚によって富を築くことが可能になるためには、個人が耕作する土地や生産物の所有が国家によって合法的に認められる必要がある。また、国家の「栄養」のためには、「交換と相互の契約によって、お互いに所有している（土地や財産、特別な技能などの）ものを譲渡し合うことが必要であり（Hobbes 1651 = 1992：168）」、そのための手段として貨幣は重要な役割を果たす。このような考え方は、

ホッブズが商品交換の一般化と市場の形成を可能にする空間として国家を捉えていることを示している。

　また、ジョン・ロックは、『リヴァイアサン』刊行から39年後、1660年の王政復古を覆した名誉革命から2年後の1690年に『市民政府論』を刊行している。それは、革命後の秩序をいかに構築するべきかという問題意識の下に執筆されている。そのなかで、ロックは、「アメリカの諸民族」について、次のように論じている。

　　彼らは、土地は豊富に持っているが、その生活に愉楽を与えるものはすべて貧弱である。自然は彼らに、他のどの国民にも劣らぬほど豊富な資源、すなわち食料品、衣服および享楽品として役立つものを豊かに生産することのできる肥沃な土地を与えたのである。しかるにそれを労働によって改良することをしなかったため、われわれの享受している利便の百分の一ももっていない（Locke 1690 = 1990：46-47）。

　このような場合、土地を耕作することを怠った「彼ら」に代わって、「彼ら」以外の者が土地を耕作することが、神の意志にかなっているとロックは考える。
　17世紀のイギリスの思想家たちにとって、「私有」、すなわち「個人」が固有の財産を持つことを正当化することこそが、もっとも重要な課題だった。そして、個人が財産を安全に所有することを最終的に保証しうるのは国家だけであるというのが、ホッブズとロックの結論だった。
　しかし、ここで着目しなければいけないのは、私有を正当化するために、アメリカの諸民族を引き合いにださなければならなかった点である。なぜ、「未開人」を想定することが必要だったのだろうか。

他者像の構成
　17世紀のオランダとイギリスで生まれた、諸個人が合意の下に、国家に権力を委譲するという社会契約説図式は、アメリカの諸民族に代表される絶対的他者の存在を図式内に組み込む必要があった。同じ人間であっても、国家秩序を知らない未開人は、同等の人間と見なすことはできない。近代国家

は、国家の外部に未開人を想定し、「未開」段階を超えた「文明」を可能にする制度として構想されたのである。近代国家は支配の及ばない空間に他者が存在していることを明確に認めており、しかもそれによって自らの存在理由が正当化され、秩序が形成されているのである。

　オランダやイギリスのように、近代国家制度を確立した社会は、未開人がより安定した国家秩序の下で生活することで、人間として「対等」に接触できるよう「指導」することをめざし、その過程のなかで、自己の存在基盤を築いていく。オランダやイギリスは、「王族」による支配を打ち倒して、市民国家を構築する過程で、国家の出先機関である西インド会社を設立し、アメリカ大陸の統治に乗り出していった。この段階で、オランダやイギリスは、自国の領土、他国の領土、国家等の主権が確立されていないアメリカのような土地の三つのカテゴリーで世界を空間的に捉えるようになった。これは、特に19世紀以降、近代国家において支配的になる世界認識である。

　そして、三つのカテゴリーのうち、国家秩序を構築しているか否かで、「人間」は大きく二つのカテゴリーに分けられることになる（荻野 1993, 1998）。一つは、近代国家における理想の行為者である「個人」である。ホッブズが個人の差異の部分をその所有権に見たように、個人は、商品交換を担う理想的な存在であり、媒介手段としての貨幣の普遍性への信頼（だけ）を共通項として、お互いの差異、つまり相互の生産物、所有物を日常的に交換する。国家秩序を支える市民法が想定しているのは、こうした個人である。個人は、みずからの生産したものを所有しており、また必要ない所有物は他者と交換するのである。

　一方で、「アメリカ諸民族」のように、国家秩序も、私有の観念も持たない自然状態にある人間は、ある意味で「市民」と対等であるとはいえない。「アメリカ諸民族」のようなひとびとは、市民にとって「他者」である。他者は、近代国家の外部に存在するだけではない。市民政府を樹立したばかりのイギリスでも、「アメリカ諸民族」同様の他者は存在した。ロックは、イギリスにおいても、市民として自立していない存在がいることに注目している。それは貧困者（＝財産を持てない者）である。ロックは、貧困者には、支援を必要とする障害者、高齢者のほかに、仕事はあるが家計を十分に維持していくだけの収入がない者と失業者を挙げている（Locke 1876）。

第1章　国境のなかで生きるひとびと、国境を知らざるひとびと

　イギリス内部における他者＝貧困者と、外部における「未開人」は、いずれも私有財産の所有という市民に必要な条件を満たしてはいない。ロックの視点では、国家は、このいずれの他者も、将来的には消滅していくべき存在である。ロックは、失業対策や貧困家庭のこどものための学校創設などの社会政策の実現を提案している。こうした発想は、すでに1601年のいわゆる救貧法（貧困対策関連の一連の法案）にも見られるものである。
　一方、外部の他者への施策は、かなりの時を経た19世紀になって本格化した。それは、シンガポールなどの植民地を作ったスタンフォード・ラッフルズの植民政策に端的に表れている。ラッフルズは、商業が学問と密接に結びついていると考えており、「社会的諸制度が独立と改良に有利であり、知的な力が培養され拡充されているところでは、商業は、それらのものが発揮されるような分野をひろげ、富と洗練は人性を高尚にするすべてのものと一致するようになる。教育は商業と並行してすすまなければならぬ（信夫 1968：371-372」）という。したがって、植民地建設は、単なる占領を意味するのではなく、植民地住民が教育を受け、商業を盛んにしていくことを企図している。その結果、植民地が文明化されれば、イギリスはその使命を終えることになる。
　ラッフルズは、1819年に書いた教育政策に関する覚書のなかで、次のように明言している。

　　たとえその帝国が滅びるときがきても、その徳沢のこれらの記念碑（「教育と研究」のこと＝筆者注）は、その勝利が空しい名となるときにも持続するだろう。イギリスの名を光の文字で書くことをなおイギリスの誇りたらしめよ。イギリスをして荒廃への道程を歩む嵐として記憶せしめることなく、心の眠れる種子を復活させ、それを圧迫の冬枯れ時から生命に蘇らせる春の微風として記憶させよ（信夫 1968：377）。

　大英帝国が仮に滅んでも、帝国がもたらした教育制度が植民地に根付いていれば、帝国にとって本望であるとラッフルズは断言する。そこにあるのは、すべての人間を文明化させようという強い意志である。ラッフルズが建設した植民地シンガポールは、大英帝国に「包摂」されることになるが、最終的

には、かつてオランダがそうであったように、「独立」に向かうことが予期されているのである。かくして、市民政府は、一方で内なる他者である貧困者の職業教育を通じた自立、他方で外なる他者である「未開人」に教育を支柱とする国家秩序の形成を促し、未来における他者の消滅をめざすことになる。

3 アジアにおける支配と空間

王国の空間表象

　オランダやイギリスが樹立した国家は、個人としての権利を持つ市民から構成されており、市民は財産を所有することを保証されている。一方で、オランダの独立を許さざるをえなかったスペインや、スペインに隣接するフランス、そしてピューリタン革命以前のイギリスなどは、あくまで「王国」であり、17世紀当時、ネーション（nation）という同一のカテゴリーで括られることはあっても、まったく異なる統治形態だった。

　王国は、特定の家系によって支配されており、土地もその家系に帰属している。また、近代国家が前提とする平等は価値ではなく、身分制が貫かれている。王と家臣や、貴族と農奴は、厳格な上下関係にあり、王侯貴族は、武力を背景にした土地の所有によって、支配者を庇護している代わりに、被支配者は、支配者に全面的に服従しなければならない。市民国家が、こうした関係を否定し、市民の平等を掲げたことは、ピューリタン革命に典型的に表れている（Hill 1972）。

　スペイン王国などの当時のヨーロッパの王国は、土地が財を生む資源であり、それは耕作＝労働によって可能になるとは認識していなかった。土地そのものではなく、土地の居住者、使用者に対する支配こそが重要であり、居住者に対する課税にのみ関心があったのである。伝統社会においては、人と人の関係が人とモノの関係より優先されるというルイ・デュモンの指摘は、この点に焦点を当てている。デュモンによれば、伝統社会では、土地の権利は社会組織のなかに組み込まれており、土地の支配はすなわち必然的に人への権力を伴うという（Dumont 1977：14）。

　ヨーロッパの王国に限らず、同時代の日本や中国の王朝、幕府も同一の原

第1章　国境のなかで生きるひとびと、国境を知らざるひとびと

理に立っていた。豊臣秀吉の検地も、農民から合理的に年貢を徴収するための制度だったし、明清の皇帝を頂点とする官僚制も、いかにして人を支配するかという視点から創り出されたものだった。

　王国は、個々の統治形態の特徴は別にして、軍備と課税によって支配を行う。課税に関しては、カール・ポランニーのいう「再分配」の機能を果たしている。再分配とは、首長である王の下に財を集めて蓄積し、これを必要に応じて再分配するシステムであり、これは王の政治的権力を強化する。古代エジプトでは、生産物を貯蔵するための膨大な倉庫群が整備されていたという。また、ポランニーは、分業も再分配システムが確立していることによって可能になったのだと指摘している。分業は、階層間での格差を生むことがあるが、格差以上に分業が進んだことによる利便性が評価されているため、格差は「搾取」とは認識されない（Polanyi 1957）。

　近代国家と異なり、王国は、世界を客体として空間的に捉えようとはしない。宗教学者のミルセア・エリアーデが指摘したように、王国には、聖なる中心があり、寺院や王宮、神々が宿る山々などが中心となる（Eliade 1969）。また、メッカやバチカンに代表される聖都では、都市全体が中心となり、巡礼者が常時訪れるようになる。寺院、王宮、山などの場所が聖なる中心となるのは、そこが、〈天〉、〈地〉、〈闇〉が交わる場所と考えられているからである。中心は、闇の世界、祖先や神々が棲む世界とつながっていると見なされている。そこでは、生きている者が、神々や祖先の霊と象徴的に交流することができる。〈天〉、〈地〉、〈闇〉からなる象徴世界が超越的価値を持っており、〈地〉はその一つの構成要素にすぎない。

　一方、オランダとイギリスを中心に確立した国家にとっては、〈地〉こそが重要であり、世界は、空間的に認識される[2]。この空間は、均質的で、測量可能であり、地図によって表象されうる。〈天〉と〈地〉の境界ではなく、幾何学的に把握可能な水平的空間における境界、とりわけ国家間の境界＝国境こそが、特権的な境界となっている。王国のほうは、こうした世俗的境界には大きな関心はない。

　江戸幕府も、原則として、古典的な王国に共通する制度の特徴を兼ね備えている。1785 年の最上徳内らの調査により、アイヌ民族だけではなく、松前藩も、満州と交流があることはわかっていたものの、「国境」や「外交政

策」の発想に乏しい幕府は、積極的な対応はしなかった。1792年、ロシアのラックスマンが、松前藩が支配していた蝦夷地に寄港したことを契機に、幕府は、蝦夷地を直轄領とした（1799-1821）。しかし、その後財政難を理由に、蝦夷地は、松前藩に返還された（1821-1854）（西里 1992：172）。蝦夷地をめぐる幕府の対応に一貫性がみられないのは、当時、幕府がまだ地図上に表現される世界の空間認識をもたず、明確に国境を定めようという意志がなかったことを示している。

　これは、江戸幕府に限らず、アジア地域全般にいえることである。土地を財産として所有し、所有者がいない場合、それを新たな所有の対象として分割していくという近代国家が推進した土地所有の概念は、理解の埒外にあった。したがって、近代的な境界概念に基づいた空間の分割は行われず、それが、19世紀以降、ヨーロッパ近代国家の進出を許すことになった。ただ、それでも、近代の国境概念は、アジアではなかなか浸透せず、20世紀に入っても、近代国家制度とは異なる支配形態が、広く存在していた。今日、中華人民共和国のひとつの省となっている雲南省は、その典型である。

中国王朝における「国」と「民」

　雲南省は、現在ベトナムやミャンマー、ラオスと国境を接しているが、かつては中国の王朝以外の「王国」が存在した。よく知られているのは、大理国や南詔国などである。ただ、「王国」という表現では、十分にその統治形態を把握したとはいえないような社会が存在した。その一例が、現在のミャンマーとの国境に近い雲南省シプソンパンナーのタイ族の「ムン」「ムン連合」である。ムンとは、加藤久美子によれば、「都市的集落」あるいはその周辺の村落をも併せた地域の社会形態の呼称である（加藤 2000）。シプソンパンナーの統治形態は、ムンの連合体であり、そのなかでも、中心は、ムンツェンフンというムンで、シプソンパンナー全域を支配する王は、ムンツェンフンから出ていた。しかし、ムンツェンフンが常にシプソンパンナーを実質的に支配していたわけではない。他のムンが、ムンツェンフンと敵対し、戦闘状態に陥ることがしばしば見られた。

　また、中国の諸王朝やビルマが、シプソンパンナーを間接統治しようとしたため、これに対応する必要もあった。16世紀には、ビルマのタウングー

朝の軍隊が、シプソンパンナーを直接攻撃しており、ビルマの影響力は増大する。一方で、各ムンは、中国の王朝にも朝貢しており、16世紀後半から、中国、ビルマの二カ国による「間接統治」が進められたという。また、18世紀に入ると、清が勢力を拡大しようとして、いくつかのムンの長に土司の職を与えた（加藤 2000：43-46）。

　清王朝は、辺境の豪族たちを、地域を治める土司に任命し、土司制を通じて、支配を固めようとしており、シプソンパンナーへの対応も、その一環として進められた。中国史の観点に立てば、土司による支配とは、諸王朝が西南中国の少数民族地域を支配する際に、地域の土豪に官職を授けて行う間接支配のことである。しかし、必ずしも、雲南省の諸地域が、土司制の下に、清に完全に服従していたわけではない。たしかに形式的には、皇帝と土司のあいだに上下関係が存在し、土司は貢納する義務を負っていた。しかし、それが地域の自立性を損なうことにはならなかった。その理由は、まず中国の王朝の特徴にある。

　中国の王朝は、科挙に合格した士大夫層を中心とする官僚統治機構から成る。一方、士大夫層やその親族以外の庶民と官僚統治機構とのあいだには大きな懸隔があり、庶民は独自の「社会」を構成していた。清代では、課税は土地に対して行われていたため、それを支払うのは実際には耕作していない地主である。農民は、地主に小作料は支払うが、直接の課税の対象ではなかったのである（岡本 2013：59-62）。岡本隆司は、中国では、伝統的に「国」と「民」が「一体化」しておらず、官僚制に基づく「国」と「民」が生活する社会とは、二つの別の世界を構成していた点を指摘している。しかも、18世紀から人口が増大したことが手伝い、行政機能を持つ城郭都市以外の都市である「市鎮」が急速に増加していった（岡本 2013：44-45）。市鎮には官僚制を基礎とする行政機能がなく、商業機能しかないので、国家の支配は及ばない。

　以上のような中国社会の特徴から、土司制などを通じて、雲南を支配することは、そこに住むすべての住民を厳格に直接支配することを意味したわけではなかった。

雲南のひとびと

　一方で、雲南のさまざまな住民たちも、中央政府から派遣された官僚が、地域を支配することには、強い抵抗感を持っていた。すでにシプソンパンナーについて見たように、雲南は、中国の王朝にとって「辺境」であり、タイ族だけではなく、多様な「民族」が生活する地域である。そこには、いわばある種の「多様性」が存在していた。また、多様であるがゆえに、常に紛争の可能性を宿していた。

　1870年から数年間、雲南を旅した、フランス人で、清の外国人税務司[3]エミール・ロシェは、1855年から、ムスリム（回族が中心であると考えられる）が、清の地方政府に対して反乱を起こしていた事実を記している。もっとも、「反乱」とは、清の立場に立った場合のことであり、むしろムスリム対清の事実上の戦争であったともいえる。ロシェも、ムスリムの反乱対策のために、清の軍隊に大砲などの武器を売るフランス人商人とも、一時同行した。この武器商人デュピュイは、実際には実現しなかったが、当時すでにフランスの植民地だったベトナムまで流れる紅河を舟で上り、物資を運搬するルートを開拓しようとしており、雲南の鉱山資源開発など、フランスが、この地域の植民地化を企図していたことは明らかである。ロシェの旅も、そのための情報蒐集が目的だったと推測される。

　紛争の発端も、雲南の中心昆明からやや南に位置する臨安府（当時の呼称）付近の鉱山開発に関わる。ムスリムが経営する鉱山が活況を呈したため、漢族は、これに対抗しようとするが、うまくいかず、困窮する者が増加する。元来、関係が良好であったにもかかわらず、しだいにムスリムと漢族のあいだには不穏な空気が流れ、些細なさかいや小競り合いが始まる（Rocher 1879 : 241）。うまく、役人が事態を収めていれば、大事には至らなかったであろうが、役人たちは逃げ腰で、問題は大きくなるばかりだった。戦闘はしだいに拡大し、しかも長期化していった。

　十年以上を経て、ようやく紛争は終結するが、度重なる戦闘のせいで、土地は荒れ果て、商業も廃れたため、盗難等が頻発し、治安は著しく悪化している状況で、ロシェは、雲南を旅したのである（Rocher 1879 : 260）。

　雲南の最南に位置するシプソンパンナーには、まだタイ族のムン連合が存在していた。一方、臨安府で始まったムスリムと清の地方政府の戦闘は拡大

し、雲南の中心昆明を含む広範な地域が、戦乱で大きな打撃を受けた。漢族やムスリムだけではなく、雲南の「先住民」であるさまざまな「民族」のうち、平野部に住んでいるひとびとも、被害を被った。ロシェは、雲南には、ミャオ、ロロ（イ）、リスなどの民族がおり、祖先から伝わる慣習を忠実に守り、中央の権力に対して敵対的であると指摘している。このうち、ロロは、ムスリムと清軍との戦闘では、ムスリムに積極的に協力した。ロシェは、ロロについて、「独立心が強い性格で、現在まで漢族と交わることを避けようとしてきた。漢族とは距離を置いており、清政府は、ロロを完全に服従させることは、どうしてもかなわない」(Rocher 1879：224) と、その性格について記述している。ロロはイ（夷）人とも呼ばれているとロシェは指摘しており、またロロに黒ロロと白ロロがいることにも言及している。

　ロロの独立志向が強いという指摘は、ロシェの旅行からほぼ30年後の1902年に雲南省を調査した鳥居龍蔵の記録にも見ることができる。紛争の発端となった臨安府に隣接する玉渓市江川県を調査した際の鳥居の記録には、次のような記述がある。

　　余はまず役所についてロロ調査の件を交渉すると、応対した官吏は壮年の人であって、あまり威厳も無さそうな人物であったが、余の申し出を聞いて非常に驚き、これを阻止しようと企てた。元来この付近のロロは獰猛で、むかしからしばしばシナ人の市街に対して襲撃を試みた来歴があるので、もし今回の調査に際して彼らの意にさからうようなことがあったら、またもやどんな騒ぎになるものでもない（鳥居 1980：141）。

　実際に、19世紀、ロロは、漢族に度重なる襲撃を続けていた（菊池 2005：58-74）。20世紀に入っても、王朝の末端で働く役人にとっては、ロロが支配する地域は容易に足を踏み入れることができない地域として認識されていたのである。

　ロロについては、1941年から8年間、雲南の麗江に滞在したロシア人のピーター・グゥラートも、言及しており、ロロの性格を次のように記述している。

戦闘における彼等の激しさと非情さ、死と拷問をもろともせぬ怖れのなさ、その戦術の狡猾さ、密かで電光石火の攻撃ときては、あまりに恐ろしいので、ロロ達は中国西部一帯からシャムとの国境に到る地域で、他のいかなる民族にもまして恐れられている部族である（1957 = 2014：250）。

雲南の山岳地帯

　雲南には、平野だけではなく、2,000 m を超える山岳地帯がある。ムスリムと清軍の戦闘は、漢族が主に平野部に住んでいることもあり、低地の都市部で行われ、山間部は、比較的安全だった。なぜなら、山間部での道のりは険しく、慣れていなければ、簡単に行き来することはできないからである。グゥラートはみずからが住む麗江から揚子江沿いの鉱山に行く行程で、「途中で通らなければならぬ断崖絶壁だけは、何時も恐怖の種だった（Goullart 1957 = 2014：347）」という。現在も、雲南省の山間部は、交通の便がいいとはいえない。道路は整備されつつあるものの、雨期には土砂崩れで主要道路が利用できなくなることも多い[4]。

　ただ、山間部で「中央」から遠く離れていることが、「不便」であるというのは、近代主義的発想である。山間部の観点に立てば、山のほうが「中心」であり、それは理由がないことではない。本書で中心的に取り上げる、ロシェが旅した臨安府や、鳥居が調査した江川県の西にあり、江川県と同じ玉渓市に位置する新平県で、現在では、地域の中心都市のひとつとして、開発が積極的に推進されている戛洒は、紅河流域の低地にある。しかし、河川の流域は、水害が起こりやすく、戛洒でも、実際に頻繁に水害が起こっている。現在の町も、かつての町の中心より高台に、2000 年以降に新たに建設されている。また、水辺は、疫病を生みやすく、かつては「瘴気」が漂う場所とされていた。戛洒には大きな市場があり、遠隔地交易の結節点となっていたが、昆明などから交易にやってくる漢族や回族の商人たちは、夏場は、リスクを軽減するため、より高地にある別の村に滞在していた。

　ロシェは、雲南各地に、事実上独立した首長が支配する地域がある点を指摘している（Rocher 1879：250）。これらの首長は、おおむね山間地域を支配しており、非漢族である。中国共産党軍によって滅ぼされるまで、新平県西部

にある哀牢山の中腹に居を構え、地域を支配していた李潤之もそのひとりである。李潤之は、形式的には、土司の官職に就いていたが、実質的には地域を支配しており、馬の飼育から麻薬の売買にいたるまで幅広く経済活動を行っていた。地域内で初の中学（日本の中学校・高等学校に相当）を設立してもいる。

　新平県で、現在「老街」すなわち旧市街地と呼ばれる場所にはじめて県城が築かれたのは、明代の万暦年間（1573-1620）のことである（楊編 2010：16）。中華民国期の最後の県長の屋敷は、文明街王氏民居として県の文物保護単位に指定され、現在も残っており、歴史的に県城が地域の中心であったように見える。しかし、新平の実質的支配者は、李潤之だった。中華民国の統治下において、自由を享受していた李は、第二次世界大戦後の国民党と共産党による内戦で国民党軍に協力していたため、共産党によって、その支配に終止符が打たれた。この戦闘（内戦）も、すぐに終わったわけではなく、新平では、中華人民共和国誕生後の1950年まで続いた。ただ、李潤之を単なる「独裁者」として捉えることはできない。むしろ、地域の農民（イ族が中心）の自立性を保証するための支配であり、農民たちがその文化的同一性を脅かされることはなかった。

4　社会概念再考——国家を知らない世界をいかに捉えるのか

民族と支系——集団のカテゴリー

　雲南省は、歴史的には、タイ族のムン連合や、さまざまな民族の首長が司る「王国」、中国の明清王朝や中華民国の出先機関、そして相対的に自立しているさまざまな民族が、共在していた。農漁業に従事する者たちも、商工業に携わる者たちも、支配者による過度な介入を拒み、自立が脅かされるときには、ムスリムのように抵抗した。雲南に限らず、事実上、国家制度の枠内から外れたところで生活を営むひとびとが、世界には数多くいた。こうしたひとびとは独自の言語と文化、生活様式を維持し、相対的に、国家制度から自立したかたちで、社会を形成していた。したがって、国家は、人間が営む社会の形態として絶対的なものではなく、とりわけオランダやイギリスが創出した近代国家は、むしろ例外的な統治形態だった。土地の私有を認め、

国家の境界を確定し、「国民」は、一民族として文化的同一性を持つというのは、思想的には、17世紀のイギリスで、おもに重商主義者のあいだで彫琢(ちょうたく)されていったものである。

　重商主義者などが想定していたネーションと、今日、中国などで用いられている「民族」とは、意味が異なる。1930 年代に始まる長征の過程で少数民族の重要性を痛感した中国共産党は、中華人民共和国誕生後、民族識別工作によって民族名称の確定を進めた。それまで、それぞれの集団名を名乗っていた各集団が、民族識別工作という中央の「知」によって、漢民族と 55 の「少数民族」にまとめられたのである。ロロやイ人と呼ばれていたひとびとは、イ（彝）族と総称されるようになる。

　ただ、このように政治的に確定された民族という概念で雲南省の諸集団を理解するだけでは不十分である点を、近年中国人研究者は強調する。というのも、民族とは別に「支系」という概念があるからである。支系は、主に地域内で用いられる集団の呼称で、「自称」と「他称」の二つがあり、それは必ずしも一致するわけではない（郭ほか編 1999：4）。自称は、まさにみずからの集団を呼ぶ名称で、たとえば新平イ族タイ族自治県のイ族には、ニスー、ナスー、ラロなど八つの支系があり、その人口は 129,800 人を数える（新平彝族傣族自治県概要編写組編 2007：8）。また、他称でも、漢族によるものと、他の民族（たとえばチベット族など）によるものとでは、呼称が大きく異なる。

　「民族」の細分化が「支系」であるという図式は、集団をわかりやすく理解するために、有効でないわけではない。ただ、元々「民族」概念だけでは十分に各「民族」の多様性を捉えることができないという認識に基づき、しだいに言及されることが多くなった「支系」が、ある集団への帰属意識を的確に示しているかといえば、必ずしもそうとはいえない。樊秀麗は、大涼山イ族における調査に基づいて、「ある地域の同一の個人あるいは集団が、異なる自称を持つ複数の集団によって同時に包摂される可能性」もあり、さらには「帰属集団表象というものが、他者からアイデンティティを問われることによってはじめて成立するのではないか」と指摘している（樊 2005：230）。

　樊は、集団への帰属は動態的な性格を持つ点を強調している。「民族」や「支系」への帰属は固定的なものではなく、また必ずしも「支系」への帰属が常に優先されるわけではない。なぜなら、イ族にとって、「家支」と呼ば

れる家系がきわめて重要だからである。個人は、状況に応じて、みずからの帰属する集団を変化させる。そのなかで、「民族」や「支系」が意識されるのは、ある特定の条件においてである。さらに、樊の指摘に基づけば、「民族」なるもの自体が、民族を集団カテゴリーとして明確に認識している他者から、いわば遡及的に意識されることもありうる。

　民族識別工作によって、さまざまに呼ばれていた集団が、一民族として「識別」されると、あいまいなままにされていた集団の境界や特徴が、明確に定義されるようになる。そして、雲南省に住むひとびとは、三つのアイデンティティを持つことになる。たとえば、イ族の場合、まず、「彝」という民族識別工作によって作られた民族としてのアイデンティティ、それとは別に存在する支系としてのアイデンティティ、そして中国人としての国民意識である。

　民族識別工作後に起こった文化大革命は、漢族の文化を破壊しようとしたことだけが強調されているが、それは同時に、他の「少数民族」の文化も否定する運動だった。たとえば、イ族の文字で書かれた経典の多くは焼かれてしまい、祭祀などの伝統儀礼を司ることもできなかった。いま振り返れば、文化大革命は、国民統合を実現するための過激な「革命」だったともいえる。

社会像の転換
　個人はさまざまな集団に所属しうるが、最終的に国家への帰属が決定的な意味を持つ。近代国家では、国民意識が特権視されているのである。これが端的に示されるのが、戦時である。戦時には、なによりも国家の意思決定への服従が求められる（荻野 2013）。17世紀のオランダでは、領土を空間的に確定することの意義が、王家の支配からの暴力的な独立運動を通じて客観的に認知されていった。同時に、固有の人口と領土を持つためには、多かれ少なかれ、暴力の噴出を伴うことも認められた。これに範をとり、国民意識の高揚は、自由の観念と結びつき、自由を得るためには、血を流さなければならないという思想が、近代国家では肯定的に受け取られるようになるのである。

　特に西ヨーロッパや日本では、文化的同一性を帯びた集団の多様性を否定のうえに、国民意識を構築したため、民族と国民は一致する方向に向かう。

とりわけ、フランスと日本は、もっとも同化主義を徹底させた国家である。明治政府の北海道開拓政策は、土地の私有化を進めていくうえで、土地の開墾を怠ったがために貧困を強いられている「土人」としてアイヌを位置づけた。1877 年に北海道発券条例によって、アイヌが生活していた土地は官有とされた。その後、15 年以内に開墾するという条件で、1 戸あたり 15,000 坪以内の土地を無償給付することを定めた北海道旧土人保護法が成立する。それは、狩猟、漁労を中心とするアイヌの生活文化に貧しさという烙印を押して、定住農耕民の生活を強要するものだった（荻野 1996）。アイヌは、「旧土人」というカテゴリーに分類されたうえで、「日本人」カテゴリーのなかに組み込まれ、旧土人保護法は、1997 年のアイヌ新法施行で、ようやく廃止される。フランスでもブルトン人、バスク人などが、かつて自立をめざす運動を起こしたが、結局フランス人という国民カテゴリーに包摂される。
　近代国家は、誰もが一国家の正式な成員として、国家内部の空間に居住することを大前提としている[5]。そこから導き出された社会は、必然的に、ある特定の社会に、成員の一人として帰属していることを前提とすることになる。これは、社会学における基本概念である「伝統社会」と「近代社会」のいずれにも共通しているもので、そこでは、社会に完全に帰属していない存在は、原則として排除されている。社会学のみならず、社会科学全般が想定する「社会」は、近代国家のなかで育まれた社会像にすぎない。
　こうした社会像では十分に捉えられない社会が、歴史的には圧倒的多数であったことはすでに見てきた通りである。しかし、社会学のほとんどは、近代国家を確立した欧米社会の特徴を抽出したものにすぎない。「ポスト近代」「後期近代」と現代を捉える場合にも、同様である。それは、いわば「欧米に関する地域社会学」なのである。だが、現代世界を捉えるうえで、欧米や日本などの近代国家形成を積極的に押し進めた社会の現状に関する分析だけでは一面的にすぎる。
　このような限界を克服しようとする動きは、歴史学では、少しずつ進められている。かつて、イマニュエル・ウォーラーステインは、その世界システム論において、16 世紀後半から 17 世紀に至るオランダの状況について論じた。ただ、ウォーラーステインが重視しているのは、オランダの独立ではなく、その世界システムの牽引車としての位置づけである（Wallerstein 1974）。

第1章　国境のなかで生きるひとびと、国境を知らざるひとびと

ウォーラーステインは、資本主義の発展を中核、周辺、半周辺から成る世界システムの形成過程として捉えている。中核に位置する国家のなかでもヘゲモニーを掌握している国家があり、それは、歴史的には、オランダ、イギリス、アメリカがそれぞれ担ってきたという。江戸幕府下において、オランダが商館を開設したのは1609年のことで、アジアの東端にまで進出している事実は、まさに当時オランダが世界貿易拡大の推進主体の役割を果たしているように見える。しかし、近年、こうした歴史観を「ヨーロッパ中心史観」として批判する歴史家が登場しており、ウォーラーステインの世界システム論もそのひとつとして批判されている。たとえば、ケネス・ポメランツは、17世紀の時点では、西ヨーロッパは、中国や日本に比べ、経済的に優位に立っていたわけではないと指摘している（Pomeranz 2000 = 2015）。

社会学においても、こうした歴史認識の転換同様、より包括的で、多様な社会のあり方に目を向けるべきである。

そのための方法のひとつとして、国民意識をアイデンティティの基礎に置く秩序を構築することが困難を極めた中国やロシアをはじめとする多くの社会のありかたについて再考していくべきである。国民国家を基礎付けるための解決策が、中国では民族識別工作だった。それは、ソビエト連邦の手法に倣って、単純に民族という用語で括れない多くの集団を、人類学的知などを動員して、56の民族に分類する「工作」だった。その結果、中華人民共和国は、欧米や日本のような国家とは異なり、複数の民族が構成する国家として確立したのである。それは、公認された民族のアイデンティティは保証されているものの、結果的には、「中国国民」であることが決定的な重要性を持つ制度である。したがって、民族の差異は、最終的には国民としての同一性に回収されることになる。しかし、民族と国民は本来異なる集団を包摂しているので、そこに矛盾が生じる可能性が伏在している。

本書では、中国に限らず、世界の多くの地域に存在し、紛争の火種にもなっている近代国民国家形成の困難を抱えている地域、いわば「国境を知らざるひとびと」のほうに立って、その変容を見ていく。この試みは、近代国家とは異なる王国の諸形態や、そこでの社会のあり方はどのようなものであったのかについて捉えるだけではなく、そもそも国家とはほとんど無縁な場所で生活しているひとびとが営む社会が、いかに変化しているかについて

考えることを意味する。それは、いわば国家の成員であることが絶対的ではないような社会や、まだ社会として十分に構造化されていないような関係性をも視野に入れることである。

たとえば、本書で中心的に扱う雲南省新平県のタイ族には、タイサー、タイヤー、タイカー、タイジャオザーの四つの支系（自称）がある。これらのひとびとは、漢族やイ族と比較すると、歴史的に非常に貧しい生活を強いられてきたといわれている（李 2008：76）。それはイ族やハニ族が、気候が穏やかでアヘン栽培も可能な山間部に居住していたのに対して、タイ族は熱帯病や洪水のリスクが伴う紅河沿いの河谷地帯に居住していたことによる。タイサーの「砂上にある道の者」（砂上の市場の者）とは、河岸の地盤がゆるい土地（砂上）に住んでいるひとびという意味であり、事実、主に紅河の河岸に住んでいたのがタイサーである。元々、劣悪で、危険も多い土地に移動して、住まわざるをえなかったひとびとが、新平ではタイ族と総称されているのである。「棄てられた者」や「漢族から転じた」「他者」であるタイヤーやタイカーも、同様に、何らかの理由で、本来帰属していた集団から逸脱したようなひとびとである可能性が高い。

現在は、タイ族のひとびとは、国際機関からの援助もあり、貧しい状態から脱却している。しかし、元来は、川での漁や竹細工などで生計を立てていた漂泊民で、日本のサンカに近いような存在とも考えられる（沖浦 2012）。

排除と包摂を超えて——グローバリゼーションのなかで

ある社会に完全には帰属していない「よそもの」、「他者」は常に存在する。社会学で「排除」「包摂」という概念が注目を集めているのは、国家の正式な成員ではない「外国人労働者」や「移民」などの存在を無視して、もはや社会を語ることはできなくなっているからである。また、異性愛に基づいた再生産を行う家族モデルでは、家族という集団に帰属していない存在の生の可能性が無視されてしまうからである。しかし、すでに指摘したように、排除と包摂の論理は、そもそも近代国家の成立過程において派生的に生まれた認識モデルであり[6]、そこから脱却するためには、雲南省だけではなく、グローバルに、国家制度の網の目から溢れ出てしまうひとびと、ある社会には完全に帰属していない存在、ある特定の場所には定着できないひとびとから

第 1 章　国境のなかで生きるひとびと、国境を知らざるひとびと

世界を捉える新たな理論モデルを構築していかなければならない。本書はそのための一歩である。

［注］
1　訳文は、一部手を加えている。
2　アンリ・ルフェーブルは、国家とその権力を論じるうえで、それが空間と結びついていることを無視することはできないという（Lefevbre 2000：324）。
3　当時、清では税務司に外国人が就いていた。
4　本書の主な調査地である新平県城から哀牢山に向かう拠点である夏洒などの県内の主要な町や村までは、今日でも、幹線道路が土砂崩れの危険性があるため閉鎖されることがあり、その場合には、山あいの旧道を使わざるをえない。
5　したがって、そこに必然的に「国籍」が発生する。
6　この点は、終章で詳細に説明する。

［文献］
Braure, M. (1974) *Histoire des Pays-Bas*, Paris：P.U.F.（西村六郎訳（1994）『オランダ史』白水社）。
Caillois, R. (1963) *Bellone ou la pente de la guerre*, Paris：Renaissance de la livre.（秋枝茂夫訳（1974）『戦争論』法政大学出版局）。
Dumont, L. (1977) *Homo Aequalis*, Paris：Gallimard.
Eliade, M. (1969) *Mythe de l'éternel retour*, Paris, Gallimard.（堀一郎訳（1963）『永遠回帰の神話：祖型と反復』未來社）。
郭浄ほか編（1999）『雲南少数民族概覧』雲南人民出版社。
Goullart, P. (1957) *Forgotten Kingdom*, London: Reader's・John Murray.（西本晃二訳（2014）『忘れ去られた王国　落日の麗江　雲南滞在記』スタイルノート）。
Grotius, H. (1625) *De jure belli ac pacis libri tres. In quibus jus naturae & gentium: item juris publici praecipua explicantur*, Amsterdam：Nicolaum Buon.（一又正雄訳（1989）『戦争と平和の法』全 3 巻、酒井書店）。
樊秀麗（2005）「大涼山彝族における民族表象と儀礼」長谷川清・塚田誠之編『中国の民族表象　南部諸地域の人類学・歴史学的研究』風響社。
Hill, C. (1972) *The World Turned Upside Down: Radical Ideas during the English Revolution*, London: Viking Press.
Hobbes, T. (1651) *Leviathan*.

http://www.gutenberg.org/files/3207/3207-h/3207-h.htm（水田洋訳（1992）『リヴァイアサン 1』岩波文庫）。

加藤久美子（2000）『盆地世界の国家論　雲南、シプソンパンナーのタイ族史』京都大学学術出版会。

菊池秀明（2005）「一九世紀前半の四川涼山彝族地区における民族関係とその影響――台湾故宮博物館所蔵の檔案資料を中心とする分析」長谷川清・塚田誠之編『中国の民族表象　南部諸地域の人類学・歴史学的研究』風響社。

李永祥（2008）『国家権力与民族地区可持続発展――雲南哀牢山区環境、発展与政策的人類学考察』中国書籍出版社。

Lefevbre, H. (2000) *Production de l'espace*, Paris : Anthropos.（斎藤日出治訳（2000）『空間の生産』青木書店）。

Locke, J. (1690) *Two Treaties of Government*, London : Awnsham Churchill.（鵜飼信成訳（1990）『市民政府論』岩波文庫）。

Locke, J. (1876) "A Report of the Board of Trade to the Lords Justices Respecting the Relief and Employment" in Bourne, H. R. F ed., *The Life of John Locke*, London : Henry S. King & Co., pp.277-391.

西里喜行（1992）「琉球処分と樺太・千島交換条約」荒野泰典・石井正敏・村井章介編『アジアのなかの日本史 4 地域と民族（エトノス）』東京大学出版会。

荻野昌弘（1993）「社会的区分の生成と他者像」『社会学評論』第 44 巻 3 号、日本社会学会。

荻野昌弘（1996）「国境を知らざる人々――アジアにおける近代国家の形成と少数民族」杉谷滋編『アジアの近代化と国家形成』御茶の水書房。

荻野昌弘（1998）『資本主義と他者』関西学院大学出版会。

荻野昌弘（2013）「戦争が生み出す社会研究の課題」荻野昌弘編『戦後社会の変動と記憶叢書戦争が生みだす社会 1』新曜社。

岡本隆志（2013）『近代中国史』ちくま新書。

沖浦和光（2001）『幻の漂泊民・サンカ』文藝春秋。

Petty, W. Petty, W. (1899) "Political Arithmetrics", *Economic Writing of Sir William Petty*, Cambridge : Cambridge University Press.

Polanyi, K. (1957) *The Great Transformation*, London : Boston: Beacon Press.（吉沢英成ほか訳（1975）『大転換――市場社会の形成と崩壊』東洋経済新報社）。

Pomeranz, K. (2000), *The Great Divergence : China, Europe, and the Making of the Modern World Economy*, Princeton : Princeton University Press.（川北稔訳（2015）『大分岐――中国、ヨーロッパ、そして近代世界経済の形成』名古屋大学出版会）。

Rocher, É. (1879) *La Province chinoise du Yün-nan I*, Paris : Ernst Leroux.

佐藤弘幸（2012）『図説 オランダの歴史』河出書房新社。

Schiller, F. (1788) *Geschichte des Abfalls der vereinigten Niederlande von der Spanischen Regierung*, Erster Theil. 1. Leipzig : Ausgabe. Crusius.（丸山武夫訳（1949）『オランダ独

立史 上』岩波文庫)。
信夫清三郎(1968)『ラッフルズ伝』平凡社。
新平彝族傣族自治県概況編写組編(2008)『新平彝族傣族自治県概況』民族出版社。
Sombart, W. (1913) *Krieg und Kapitalismus* (*Studien zur Ent- wicklungsgeschichte des modernen Kapitalismus*. Bd. 2). München und Leipzig : Duncker und Hum- blot.(金森誠也訳(1996)『戦争と資本主義』論創社)。
鳥居龍蔵(1980)『中国の少数民族地帯をゆく』朝日新聞社出版局。
Wallerstein, I. (1980) *The Modern World-System, vol. II: Mercantilism and the Consolidation of the European World-Economy, 1600-1750*, New York: Academic Press.(川北稔訳(1993)『近代世界システム 1600〜1750――重商主義と「ヨーロッパ世界経済」の凝集』名古屋大学出版会)。
楊承潭編(2010)『導游新平』新平哀牢山有限公司。

第2章

小盆地と山上

―― 雲南省新平県における民族と地理、
およびその社会的変遷

李永祥／翻訳：村島健司

1 はじめに――雲南の小盆地概念

　雲南の小盆地研究は、童紹玉と陳永森によって切り拓かれた。彼らは、雲南における小盆地の数量、地理的特性、空間分布の法則などに対して、体系的に深く入り組んだ研究を行った。それによると、雲南には 1 km² 以上の小盆地が 1,868 カ所あり、総面積は 25,687.65 km² で、雲南省全体の面積の 6.52 ％を占める。そのうち、面積が 100 km² を超える小盆地が 51 カ所、50 〜 100 km² が 42 カ所、20 〜 50 km² が 112 カ所、1 〜 20 km² が 1,635 カ所を数える（童・陳 2007：22-23）。その後、香港科技大学の学者たちによって、雲南小盆地研究はより深められ、なかでも趙敏と廖迪によって編集された『雲貴高原の"小盆地社会"：歴史人類学から見た西南辺境』（趙・廖 2015）はもっとも重要な成果をあげている。

　小盆地に対しては、学者によって異なる理解や解釈が存在する。地理学の分野での小盆地とは、「山間小盆地などの相対的に平坦な地域」であり、「高原や山地を散歩する際に、緩やかでくぼ地となっている部分で、面積は大きいもので 1,000 km² あまりから、小さいもので 1 km² に満たない」（童・陳 2007：20）と見なされている。それに対して、人類学の分野では次のような理解になる。「雲南省、貴州省、そして東南アジア山岳地帯の高地では、高い山と深い谷からなる山々が連綿と続くため、相対的に平坦である地帯を、人々は平地と捉える。すなわち、そのような険しい山の斜面でもなく、高山

のゆるやかでもない場所を、『小盆地』と見なすことができる」。小盆地は地形としての意義のほか、「長期にわたり蓄積された、それぞれが互いに異なり、また互いに連携する社会文化的システム」（馬 2015：2-3）でもある。

　小盆地に対して山上の概念は通常、小盆地の周囲に位置する高山地区を指す。小盆地の中で生活する者は「小盆地人」、高山地区で生活する者は「山上人」と称される。山上人と小盆地人は、各民族の中で異なる地理生態システムと文化空間を具現化しており、それらの差異は地理生態的境界であるだけでなく、明確な社会文化的境界でもある。漢族による山上人と小盆地人の識別のほか、各民族にはそれぞれ山上人と小盆地人を識別するための言葉がある。たとえばイ族のイ語では、山上人は「ボカファ」、小盆地人は「ミヨコポ」と呼ばれ、山上人と小盆地人が民族の中で明確に識別されていることが分かる。タイ族にいたっては、山上人と小盆地人は異なる種族であると考えられており、彼らは「牛は牛であり、馬は馬である」ということわざを用いて、互いに結婚しない理由としている。しかし、このような観念は決して小盆地人と山上人が関係を持たないことを意味するのではない。より大きな時空間において、彼らはある同じ社会文化的システムの中にあり、古代〔中国における古代とは、19世紀中葉以前を指す〕から現代に至るまで、彼らの関係が断絶したことはない。

　本稿では新平県の夏洒小盆地を事例に、新平県内の小盆地および山上の社会文化的空間と地理生態システムのあいだにおける相互作用関係を分析し、異なる時代や異なる空間における、小盆地と山上の社会文化的関係、そしてとりわけ今日における社会文化的変容のあり方について検討する。小盆地と山上は異なる地理的、気候的条件の下にあり、異なる民族が小盆地および山上で生活している。このことは、民族集団とは長期に及ぶ歴史的条件下の生態環境と社会適応性により成り立っていることを示している。そのため本稿では、小盆地人と山上人の生態および社会適応方式についても分析する。

2　新平県の小盆地と山上

2-1 新平県の地理と民族

　新平県の面積は 4,223 km²、標高は最高で海抜 3,169 m、最低で海抜 422 m

であり、楚雄イ族自治州双柏県、紅河ハニ族イ族自治州石屏県、思茅地区の鎮沅県と墨江県、そして玉渓市の元江ハニ族イ族タイ族自治県、峨山イ族自治県、および易門県と境界を接する。県の総人口は26万人余りで、10の郷・鎮と2つのコミュニティを管轄している。県レベルの行政部門としては、明朝期の万暦19年（1591年）に建設され、歴史的に新平県は新化州とともに、臨安府（現在の建水県）に属していたが、康熙4年（1665年）に新化州が新平県に吸収合併された。そして、1982年に国務院を通じて、新平イ族タイ族自治県が成立した。新平県はイ族およびタイ族による自治地区であり、その他にはハニ族、ラフ族、回族と漢族が居住し、少数民族は全県総人口の70.3％を占める。

　イ族は新平県で最大の人口を誇る少数民族で、12.79万人にのぼる。イ族には、ニスー、サンスー、チャスー、アロ、ラロ、ミリ、ラウ、ルオウなどの支系があり、かつての『新平県誌』（道光期［1821-1850年］）には、ビズ、ホンダー、プラなどの支系があることが記載されていたが（梁 1993：15）、現在の新平県内ではこれらの支系を確認することはできない。ニスーはイ族の中で最大の支系であり、主に紅河東部に位置する楊武、新化、老廠などの地区を中心に、漠沙や建興などの地区にも居住する。ラロは新平県イ族第二の支系で、主に水塘、者龍、漠沙、建興、平掌などの地区に居住する。サンスーは主に新化、老廠、楊武、漠沙、平旬などの地区に居住するが、漠沙鎮のサンスー人はすでにイ語を話すことができない。ほかの郷鎮のサンスー人はすべてイ語を話すことができる。チャスー、アロは主に老廠の転馬都村民委員会、ミリは主に建興や平掌郷、ラウは水塘鎮、ルオウは新化郷に主に居住する。すべてのイ族支系の中で、ニスー人のみが文字と古典籍を持ち、その他の支系は言語を有するものの文字は持たない。

　一方のタイ族は3.8万人の人口を擁し、タイヤー、タイカー、タイサー、タイジャオザーの4つの支系に分かれる。4支系の新平県内における分布状況は、タイヤーが漠沙鎮、タイカーが腰街鎮、タイサーが戛洒鎮および水塘鎮、タイジャオザーが平掌郷である[1]。タイ族の言語は、シナ・チベット語族系のタイ・ガタイ語族タイ語系に属する。服飾は、腰部の色があでやかで、また各種の花紋が添えられているため、現地では中国語で花腰タイと呼ばれる。花腰タイの特徴として、仏教を信仰せずに原始宗教を信仰する多神教で

あることが挙げられる。花腰タイは雲南省中南部の新平、元江、通海などの県に集住しており、人口は、63,000人あまりで、そのうち新平県は最も多く花腰タイ総人口の61％以上を占める[2]。次に元江県が多く、2万人を超える。玉溪市以外では、西双版納および思茅地区にも少数の花腰タイ人が分布しており、関連する現地調査の報告によると、これらの地区の花腰タイ人は新平県から移住してきたことを自称している[3]。

　一部の学者によると、花腰タイ族は2000年あまり前の古滇国と密接な関係を持っていることが指摘されている。それによれば、花腰タイ族は古滇国の源流であって、かつては古滇国の主流となる民族の一部であり、今日の花腰タイ族は古滇国が南に移住してきた結果であるとのことである。これを主張する代表的な学者として、孫鈞や陶貴学などを挙げることができる（孫2003、陶2004）。ほかにも、花腰タイは古滇国の源流であるだけでなく、古滇国皇族の末裔であるとの指摘もある。陶貴学は彼の編集する『新平花腰タイ文化大観』の中で、以下のように述べている。

　　花腰タイの華麗な服飾、およびその優雅で上品なデザインは、古滇国王室における服飾の名残である。入れ墨や歯を染めることは古代越人の習性であり、また古滇国「滇人」の習性でもある。このことから、花腰タイの起源は古代越人であり、さらに古滇国王室の末裔であることが分かる（陶 2004：3）。

　しかし、現在このような仮説を証明するに足る十分な証拠はない。民族学者や歴史学者による実証的な裏付けがない限り、花腰タイ族が貴族の歴史を有していたという仮説は、学術界でさらに深い研究を要するだろう。また反対に、花腰タイ族は移住過程の落伍者であるという仮説が、学術界においても議論され、民間伝承の中にも見られる（石 2003、陳 1999）。

　そのほかの少数民族として、ハニ族、ラフ族、回族がある。ハニ族は主に、建興、平掌、漠沙、平甸などの郷鎮に分布しており、移住の結果、夏洒、楊武などの鎮にも分散している。ハニ族にはカド、ノビ、ボニ、ビユ、ドタなどの支系がある。伝統的には板と藁による住居を建築し、のちに瓦造りとなった。平甸郷のハニ族はイ族と雑居しており、主に土造りの住居を建築

している。ハニ族は言語を持つものの、文字は持たない。ラフ族は主に平掌、建興、水塘など各鎮の哀牢山上に居住しており、クツォンやラフなどと自称する。伝統的には板と藁による住居、のちに瓦造りとなった。現在では生活条件が改善され、人びとはセメント造りの平らな屋根の住居に住むようになっている。ラフ族も、言語はあるが文字を持たない民族に属する。水塘鎮では、現地政府によりラフ文化節が毎年開催されている。ラフ文化節は、2016年ですでに13回目の開催となり、伝統と民族的特色を持つ現地のイベントとして定着している。回族は主に県城の周囲に居住し、イスラム教を信仰する。

　以上の民族のなかで、イ族、ハニ族、ラフ族および漢族の一部は、「山上人」と呼ばれ、一方のタイ族は「小盆地人」と呼ばれる。これらの民族が異なる地理的環境下において、いかに適応し、社会文化的に変遷してきたかについて分析するために、まずは新平県小盆地の状況について検討する必要があるだろう。

2-2　新平県の小盆地と山上

　新平県内の小盆地には、平甸小盆地、漠沙小盆地、戛洒小盆地、勐丙小盆地、壩坡莫小盆地、呐喊小盆地、大開門小盆地、楊武小盆地、そして下路田小盆地があり、総面積は83.03 km²、県内総面積の1.97％を占める。そのなかでも、漠沙小盆地、平甸小盆地、戛洒小盆地、勐丙小盆地は県内最大の小盆地であり、この4小盆地で72.68 km²に及ぶ。そのうち、漠沙および戛洒はタイ族住民が中心である（古代よりほとんどすべてタイ族が中心であった）。勐丙小盆地は古代ではタイ族住民が主であったが、現在ではイ族住民が中心となっている。平甸小盆地は古代よりイ族が中心であったが、現在では県城となり、漢族が中心となっている。県城にはイ族、タイ族、ハニ族、ラフ族などの民族がすべて居住し、今日の新平県における政治経済の中心となっている。

　新平県城を形成する平甸小盆地は、総面積16.36 km²、海抜1,499 mに位置し、漢族とイ族が主に居住する。しかし、県城は新平県の政治経済の中心であるため、今日では各民族の居住が見られる。新平の小盆地については、海外の学者による記録があり、イギリス人学者のデイビス〔戴維斯：H. R. Davies〕

が1900年1月に新平県城を訪れた際には、県城およびその周辺地域について以下のような簡単な記録を残している。

  山脈を越えて、翌日新平に到着した。そこはあらゆる主要道路から遠く離れ、住民たちは明らかに初めてヨーロッパ人を見たようであった。そのため、われわれがやって来たという噂を耳にすると、外国人の様子を一目見ようと、村人たちはみな街道に集まり、屋根の上は人でいっぱいとなった。あの日の午後、人びとはきっとほかのすべての事を投げ出して来たのだろう。しかし、人びとの様子には文明があり、また友好的な態度であった。宿に入る際、勇敢な店主が、すでに彼の友人や家族のために座席を用意し、部屋の中での私の一挙手一投足を見えるようにしていることを発見した。これは少し度がすぎるので、私は感激しながらも、「本日の歓迎儀式はここまでにしましょう！」と、はっきり述べた。
  新平鎮はふたつの地区に分かれており、ひとつは石でできた城壁で囲まれ、もうひとつは泥でできた城壁で囲まれている。前者には官民が住み、すべての店舗は奥の方に集中している。住民は漢族が主で、各村落だけでなく城内であっても少数のロロ人[4]が住んでいる。ここから、この地は元来ロロの地盤であり、漢族の多くもロロの子孫であることが分かる。
  ほとんどの小盆地は山の斜面にあり、石の多い荒れ地に切り裂かれているが、農作物はかえってよく育つ。海抜は5,000ヤードあまりで、気候は程よく、さわやかな風によりケシを育てることが可能で、その温度はサトウキビ栽培にも適している。この地で味わうことのできるミカンも、ほかのどの地域のものよりも上質である（Davies 1911 = 2000）。

デイビスによる描写は、古典主義的な古写真のように、ある種の懐旧の情を呼び起こすものであるが、彼による新平県城の描写は、当時の小盆地と山上の状況について説明するものでもある。県城の近くには山上があり、そこに住むのはイ族の人びとである。一方、県城内の大多数は漢族であるが、これらの漢族もイ族の血統を継ぐものであり、イ族の末裔に属する。新平県の地方誌にはイ族に対する記載があり、たとえば道光期の『新平県誌』には、

第 2 章 小盆地と山上

「ロロの多くは土司の末裔であり、村内四里にすべて存在し、性格は勇敢で、病気でも薬を飲まない」とあり、明清期におけるイ族の個性および文化状況について解説されている。

漠沙小盆地は新平県最大の小盆地であり、総面積は 27.52 km²、海抜は 450 m で、紅河中流の地溝河谷が重なることによって、地面は平坦で、中間部分に起伏がある。漠沙小盆地には、一様にタイ族タイヤー人が生活しているが、現在は都市化の発展により、漢族、イ族、ハニ族など他地区の民族も暮らしている。しかし、それに対して漠沙の山上では、主にイ族、ハニ族、漢族の人びとが生活している。民族間関係において、山上人と小盆地人のあいだにはこれまで通婚はなく、山上で暮らす各民族間では伝統的に通婚があった。山上人と小盆地人のあいだでは、タイ族とはほかのどの民族の人びととのあいだでも通婚はなかった。この状況は 1980 年まで続き、90 年代以降にようやく変容することになった。

漠沙小盆地はタイ族を中心とした小盆地であり、哀牢山の麓、紅河の両岸に位置する。漠沙小盆地のタイ族はタイヤーとタイカー支系で、デイビスには以下のように描写されている。

> （漠沙）住民は撣人〔タイ族の呼称〕で、頭目による支配はない。女性の服装は奇抜で、青い上着の袖口に紅い布があつらえられており、腰部にも紅い装飾が巻かれ、私がほかの地域で目にした撣人の服装とまったく異なる。上着とスカートの縁は、赤、白、黄色の縞模様が縫い付けられ非常に色鮮やかであり、このほか上着の上にもう一枚同じ様式の短い上着を重ね、これでようやく装いが完成する。
> この地の撣人の最も特異なところは、仏教を信仰せずに精霊を崇拝することである。（中略）彼らは私が訪れた地域で唯一の仏教を信仰しない撣人である（Davies 1911 = 2000）。

イ族、ハニ族、ラフ族などの民族について、デイビスによる記録はない。それは、彼らが山上に居住しており、デイビスはそのような地域に足を運んでないからである。漠沙の山上はかつて政治、経済、および文化の中心地であり、前世紀 50 年代の漠沙政府は山上にあった。しかも、ドイツ人宣教師

によって山上に教会が建てられていたにもかかわらず、われわれは彼らの記録を目にすることはできない。

　戛洒小盆地は新平県で3番目に大きい小盆地で、総面積は14.84 km²、海抜は600 m、紅河上流の地溝河谷盆地で、紅河両岸の氾濫原と段丘からなっている。漠沙小盆地同様、戛洒小盆地もタイ族の人びとが中心で、山上はイ族、ラフ族、漢族が中心となっている。しかし、漠沙とは少し異なり、戛洒小盆地の田畑は山上の土司による所有で、小盆地の人びとは土司の田畑を借りるかたちで耕作をおこなってきた。戛洒小盆地には肥沃な耕地と美しい熱帯の気候により、ライチ、マンゴー、キワタ、タマリンドの樹をいたるところで目にすることができる。北から南へと湾曲を繰り返す紅河は、熱帯の息吹を耕地、風景、そして市場へと吹き込むのである。戛洒の中心部では、さまざまな商品を並べた露天が広がり、道路沿いにはいたるところで果物を売る花腰タイの女性を目にすることができる。また、湯鍋店内の声は各地の方言が入り混じり、野菜市場の野菜の種類の多さは驚くべきものである。

　勐丙小盆地、壩坡小盆地、呐喊小盆地、大開門小盆地、楊武小盆地、および下路田小盆地は、楊武小盆地を除くと、新平県の政治および経済の中で重要な位置を占めているわけではない。本稿では、新平県の小盆地の中でも最も典型的な、戛洒小盆地と漠沙小盆地を中心に分析を進めていきたい。両小盆地ともに、小盆地内の気候は灼熱で、山上の気候は涼しい。小盆地内では主に稲作と熱帯果物の栽培が中心で、一方の山上ではトウモロコシや温帯の果物そして野菜の栽培が中心である。飲食に関して、小盆地の中に住む人はもち米、干しタウナギ、アヒルの卵、牛肉、イヌ肉、白酒と、さまざまな酸性の食物を好んで食する。酸性の食物には、魚、豚肉、鴨肉、鶏肉、ガチョウの肉、そして野菜などを塩付けしたものや、祭祀の日に食する龍粑や平らな米などが含まれる。小盆地の人びとの食べ物には、ほかにも野生植物の草花が含まれ、たとえばキワタの花、ズミの花、大白花、バタフライブッシュの花、苦涼菜花、芭蕉花、ワラビ、細葉菜などが挙げられる。山上に住む人の飲食文化は小盆地のものとは多くのところで異なり、主に豚肉、牛肉、羊肉を食べ、野菜としては、ニラ、白菜、唐辛子、豆類、茄子などが含まれる。山上は寒冷地のため稲作栽培に適さず、食糧のほとんどは山の中腹で耕作されたもの、あるいは山の野菜を売却することで食糧を購入している。小

盆地と山上は、食糧、商品作物、飲食、および習俗において互いに補い合い、より大きな範囲において、ひとつの社会共同体を形成しているのである。

3 小盆地と山上の社会文化的変遷

3-1 1949年以前の新平県における小盆地と山上

　小盆地と山上については、それらを時空間的枠組みの中に入れて分析することも必要であり、それによりさらに大きな意義を見いだすことができる。新平県城を構成する小盆地が、常に付近の山上よりも経済および文化的に有利な状況にあったことに対して、哀牢山の紅河河谷地区に位置する戛洒地区および漠沙地区の小盆地と山上の関係は大きく異なる。戛洒および漠沙では、1949年以前、哀牢山山頂の人びとの生活は非常に豊かであった。当時の山上人とは、すなわちイ族、ラフ族、漢族の人びとであり、河谷地区のタイ族よりもずっと裕福であった。というのは、当時の山上人は、秘密裏に大規模なアヘン栽培を営み、アヘンの売買により大きな経済的収入を得ることができたからである。当時の定期市は基本的には山上の人びとにより管理され、戛洒の定期市にある大賭博場であっても、山上の土司によって管理されていた。

　李潤之は山上人を代表する人物で、新平県最大の土司でもあった。彼はアヘンの栽培と交易を牛耳るだけでなく、当地の定期市、賭博場や交通についても支配下に治めており、彼のキャラバンは雲南南部を自由に行き来することができた。彼は戛洒や平甸などの小盆地に多くの農地を所有しており、小盆地の人びとの多くが彼から土地を借りていた。かつて土司李潤之の馬追いをしていた人びとのうち、何名かは現在も存命しており、ある老人は筆者に対して馬追いの様子を以下のように話してくれた。

　　私は鎮沅生まれで、15歳の時に政府が無理やり徴兵にやってきて、縄でわたしを縛り始めました。そのとき私は少しお金を持っていたので、衛兵にそれを握らせ逃げ出し、李潤之の屋敷に身を寄せました。李潤之の屋敷に着くと、彼は私に火縄銃を使えるかと聞いてきたので、私は使えないと答えました。すると、今度は馬追いができるかと聞いてき

で、私はできると答えました。私はこのようにして、15 歳の時から李潤之の屋敷で馬追いを始め、4、5 年で解放を迎えました〔ここでの「解放」とは、1949 年の中華人民共和国成立を指す〕。李潤之の屋敷には 70 〜 80 頭の馬がおり、いくつかのキャラバンに分かれていました。キャラバンの行き先は親方によって決められていました。われわれの待遇は、道程での食事は食べた分だけが支給され、給料は毎月一度 10 元が支払われました。一方、火縄銃を使う者たちは、毎年一度、500 元に相当する 50 両のアヘンが支給されていました。

　私が所属していたキャラバンは、鎮沅、瀾滄、景谷、景東などの県に行きました。瀾滄へは主に自家製銀貨、巻きたばこ、毛氈などを運んで行き、主に西洋たばこを積んで帰ってきました。ただし、われわれが最も多く訪れるのは、やはり鎮沅県の按板で、ここには塩井があり、われわれは塩を積んで帰ってきました。按板へは往復で 12 〜 15 日程度、片道では少なくても 6 日かかります。初日は耀南から出発し鎮沅県の和平で宿泊、2 日目は和平を出発して曼帕江泊、3 日目は曼帕江を出て老衛街に宿泊、4 日目は老衛街を出て跨迷に宿泊、5 日目は跨迷から石門坎まで、6 日目は石門坎を出発すると比較的早い時間に按板に到着することができます。按板では荷物の卸し作業や積み込み作業で 1 〜 2 日間滞在し、再び耀南へと帰ります。

　夏洒小盆地の山上は、土司である李潤之の拠点であった。李潤之はかつてこの地でさまざまな工場を経営していた。たとえば織物工場、銃工場、銀貨工場などであり、村落の下には著名な河辺街もある。当時、この地は夏洒における政治経済の中心のひとつであり、多くの重要な政策がこの地で決められていたのである。そのため、山上は権力および商業を代表するところであった。山上の人びとは、アヘン栽培を通じて交通を掌握し、商業貿易を進めることで人員を雇用するなどの方法で、経済上明らかに小盆地の人びとに対して優位にたっていた。さらに重要なこととして、李潤之は 1948 年に、山上に新平県で初めての中学校となる、潤之中学を開校しており、昆明から大金をはたいて教員を招聘し、人材の育成を進めている。

　山上の人びとに比べると、河谷に住むタイ族の人びとの生活は明らかに

第 2 章 小盆地と山上

劣っていた。河谷地帯は危険な熱帯疾病であるマラリアがあり、タイ族の人びとの生活は山上の人びとに及ばないものであった。タイ族の人びとは稲作に従事することができるが、それらの農地は山上の大地主が所有するため、彼らは小作農として山上の地主に小作料を支払う必要があった。タイ族の主要な収入は赤砂糖で、1949 年まで非常に原始的な方法で赤砂糖を生成していた。その生成した赤砂糖は戞洒などの定期市で売られ、よい価格がついたので、生成した赤砂糖を日常の生活用品と交換する者もいた。各村落には、木製の精糖機があり、こうした機械や砂糖を搾り生成する方法は、大昔より伝わったものである。木製の精糖機は、大木で作られており、一見するととても重く粗野だが、当時の人びとにとってみると十分に先進的な機械であった（というのは、今日のタイ族の人びとも、このような精糖機を作ることはできなくなったからである）。タイ族の人びとは水牛を使って精糖機の動力とした。聞くところによると、当時の水牛は体格が発達しており、現在の水牛の二倍以上の大きさであったようだ。精糖用の水牛には訓練を行う必要があり、さもなければ水牛は進まず、あるいは後退してしまう。各村落には 4～6 頭の精糖作業専門の水牛がおり、精糖時には牛の目を覆う必要があって、ひとりが牛を追い、3 頭の牛が交代で作業にあたっていた。水牛を精糖用の動力にするほか、タイ族の人びとは水を動力にすることもあった。しかし、多くの地域では、高低差が小さすぎて水の勢いをつけることができないため、水を動力にすることができなかった。

　しかし、小盆地内のタイ族の人びとと定期市で商売をする者とは必ず異なっていた。戞洒の定期市はかつて隆盛していた時期があり、新平県城に住む 79 歳の易世達氏の説明によると、戞洒の定期市は解放前からすでによく知られているところで、雲南省最大の芝生街で、景東、景谷、鎮源、双柏、墨江、峨山、澄江、通海、玉渓などから商売のために商人が集まってくるところであった。夏は灼熱の気候のため、商人たちは市が終わるとすぐに戞洒から立ち去っていった。しかし冬になると、市が終わった後も戞洒に留まり、賭博などで一夜を過ごした。夏になると商人たち一般的に、定期市が開催される前日に蒿枝地に宿泊し、当日に蒿枝地から戞洒へと向かう。そして、市が終わると、また蒿枝地へと帰る。戞洒に宿泊しない理由は、熱帯気候ゆえにたびたびマラリアが発生するからである。マラリアは瘴気とも呼

49

ばれ、いったん病気にかかると、そのほとんどが死亡した。ただし、冬場は異なり気温が下がるので、多くの商人は戛洒に宿泊し、市での商売が終わると賭博を始めることになる。芝生街は定期市の場となり、商人が集まり、定期市の日には150～160頭の馬がさまざまな商品を載せて集まってくる。当初、戛洒の街中には、タイ族家族が数世帯住んでいたが、それ以外は誰も住んでいなかった。しかし、後に李潤之、李昆、李徳平などの人物が戛洒へとやって来て、家を建て賭博場を開くと、定期市はどんどん繁栄し、名声がとどろくようになった。今日、戛洒小盆地は依然として新平県の政治経済の中で重要な役割を果たしているが、それは現在のみの状況ではなく、過去から今日に至るまで続いているのである。定期市が開催される際には、野菜を売る人は山上のイ族、ハニ族、ラフ族、漢族などであり、牛を売る人は双柏や鎮沅などの県、および新平県の新化、老廠などの郷からやって来る人たちである。そして、牛を買うのは、多くが新平県や玉渓方面からやって来る人びとであった。

　1949年以前の小盆地と山上の基本的な状況は、山上の人びとは各方面においてすべて小盆地の人びとに対して優勢であり、条件が良く、経済も発達し、キャラバンを通して商業を営み、山上に権力も集中していた。一方の小盆地は、定期市が集中する地区であったが、気候は灼熱で、商人であっても小盆地の中で宿泊することはなく、定期市での交易が終わると、当日のうちに小盆地を離れ、山上や山の中腹に位置する村落で宿泊していた。小盆地の人びとは稲作民族であり、一方の山上は山地民族であることは確かであるが、山上の漢族は商売に長けており、彼らは当時における経済発展の動力であった。

3-2　1950～1979年における新平県の小盆地と山上

　しかしながら、「山上は豊かで、小盆地は貧困」という状況は、1949年以降劇的に変化した。中国共産党が政権を奪った後、山上の大地主は打倒され、交通や行政の中心は小盆地地区へと移ったのである。政府の政策は大きく変化し、山上ではアヘンの栽培や貿易を二度と行うことができなくなり、それに応じて人びとの生活にも大きな変化が訪れた。さらに、山上では気温が低く稲作などの糧食作物の栽培ができず、政府による道路建設も主に河谷地区

が中心のため、山上の交通は不便であったので、山上は貧困と後進の象徴となってしまった。山上ではサトウキビを栽培することもなく、また綿花がないために布織りをすることもできない。山上でのアヘン栽培および売買の禁止は、古い歴史を持つキャラバンでの交通や貿易がすべて消滅してしまうことであった。そのため、山上が有していた優位はすべてなくなり、高地野菜と果物だけが残った。彼らは各種果物や野菜を持ってタイ族地区で赤砂糖や白米と交換するほかなくなった。成人も子供たちもすべて、タイ族の田畑で収穫の際に刈り残された粟の稲穂や必要ではなくなったサトウキビを拾い集める。山上の人びとは瞬く間に人民政府による扶助の対象となったのである。

一方、河谷小盆地におけるタイ族の生活はそれとは異なる。彼らは水稲を二期作で収穫できるだけでなく、サトウキビや熱帯果物を栽培し、赤砂糖も精製することができる。さらに綿花を栽培し、昔ながらの方法で布を織る。この時代のタイ族は、山上の人びとよりも豊かな生活を送っていた。山上では明らかに自身の生活の希望を河谷地区に見出しており、タイ族の人びとと義兄弟の契りを結び、各種果物や野草を余り物の布、衣服、そして糧食と交換していた。しかし、布は非常に高価で、たとえ義兄弟であっても、タイ族の人びとは山上の人間に衣服を与えることはなく、通常はわずかの米や赤砂糖を与えた。この困難な時期に、大多数の山上の人びとは山の野草を食べて過ごし、一方のタイ族は精製した赤砂糖を売ることで必要な生活用品を得ることができ、比較的豊かな生活を送っていた。タイ族の人びとの記憶の中にあるこの時期の生活とは、「彼ら（山上の人びとは）はとても貧しい」であった。

山上の人びとを貧困および後進の状態から抜け出させるためには、ふたつの方法があった。ひとつは山の中腹部を開発することであり、もうひとつは小盆地の中に移住させることであった。中腹部は山上と小盆地のあいだにあり、気候は寒冷でもなく灼熱でもなく程よいので、水稲、サトウキビ、バナナなどを育てることができ、また山上の野菜を栽培することもできる。そこで、山上のひとびとは中腹部の山林を伐採し、田畑を開墾することにより山の中腹部の開発を始めた。当初、彼らは中腹部では稲作に従事するのみで、人びとや村落は主に山上に残した。しかし、中腹部での稲作栽培のために、日帰りでは村落から往復することはできないため、中腹部の田畑の脇に小さな住居を建てることになる。稲作時に居住する住居であることから、こ

れらの住居は「田房」と呼ばれた。その後、開拓した農地が徐々に大きくなり、田房で生活する時間も徐々に長くなると、人びとは中腹部でさらに大きな住居を建て、豚や家禽を飼い始め、野菜も栽培するようになった。この時期になると、農繁期は中腹、農閑期は山上というように中腹部で生活することもあれば山上で生活することもあった。また老人は主に山上で生活し、若者は主に中腹で生活を送った。70年代以降になると、それまで山上に居住していた人びとも、次第に中腹地区に移住するようになる。しかし、中腹地区の開発は、当地の経済に発展をもたらすとともに、一連の環境問題をも引き起こすことになった（李永祥 2012a）。

　もう一つの方法である小盆地への直接的な移住は、土地徴用の問題とも関わってくるため、政府による援助があってはじめて実現可能となる。夏洒鎮の東関岭村や漠沙鎮の団結村などは、すべて50年代から70年代にかけて、山上から移住してきた村落である。当時の政策では、移住を望む村民のみが小盆地に移住し、移住後の熱帯気候への適応の心配から移住しない者や、政府から移住勧告を何度も受けてようやく小盆地に移住した者もいた。小盆地へ移住した村民が後に比較的豊かな生活を送っているという事実は、この政策が正しかったことを証明している。その後、移住を望む人はますます多くなるが、政府による土地の徴用が困難となってきたため、その後この土地移住の方法が提供されることはなくなった。

　1950年から1979年における山上と小盆地の生活状況を比較すると、筆者は以下のようにまとめることができる。山上の生活状況は明らかに小盆地でのそれに及ばず、これは政治、地理環境、交通、そして社会文化的条件により決定づけられた。ただし、人類の文化は環境に適応する機能を有している。新たな地理環境や社会文化的条件の下、人類は依然としてより良い生存環境に順応することができる。山上の人びとが自発的に中腹に移住した事例、あるいは政府の協力を得て小盆地へと移住した事例は、人類の文化が環境に適応しようとする過程を説明するものである。

3-3　1980年以降の小盆地と山上

　1980年を前後して、中国の政治経済には大きな変化が訪れた。その中で最も典型的な事件は1978年の第11期三中全会〔中国共産党第十一期中央委員

会第三回全体会議〕であり、中国中央政府は改革開放路線に進むことになった。この決定は中国社会に対して深い影響を及ぼしたが、新平県の山上および小盆地地区にも、天地を覆すほどの変化が訪れた。山上および小盆地に住む人びとも、政治経済が連携する中で、経済を中心とする政策に巻き込まれたのである。サトウキビ栽培はその一例である。新平県政府は80年代を前後して、漠沙および戛洒にふたつの国営製糖工場を建設した。製糖工場は政府の財政収入を増加させるだけでなく、農家から原料としてのサトウキビを購入することを通して、農家、特に小盆地における農家の収入を増加させた。

　しかしながら、この政策は山上の人びとには大きな利益をもたらさなかった。気候の問題で、山上ではサトウキビを栽培することができないからである。一方、中腹部ではサトウキビ栽培が可能なため、地方政府はサトウキビ栽培の重点を中腹部に置き、大規模なサトウキビ発展計画を制定した。この計画は、「サトウキビを山へ、四荒の競売」と呼ばれる。「サトウキビを山へ」とは、サトウキビを熱帯の河谷地帯のみで栽培してきた状況を変え、哀牢山の中腹地区でも栽培し、これらの地区の貧しい農家に豊かさをもたらした。「サトウキビを山へ」政策がなければ、現在のような哀牢山中腹地区における広大な面積のサトウキビ畑も出現していなかった。「四荒の競売」とは、荒廃した山、土地、峰、斜面をサトウキビ栽培用の土地として、国家が農家に競売したことを指す。サトウキビ栽培には広大な土地が必要であり、その一方で哀牢山の中腹には荒廃していると見なされていた土地が多く存在していた。これらの荒廃した土地をサトウキビ栽培用に転用することで、土地の遊休問題を解決し、同時にサトウキビ栽培を通じて農家の生活を豊かにすることも可能となった（もちろん、バナナ栽培に利用される土地もあった）。この政策の核心は、熱帯の商品作物であるサトウキビを、直接山上へと向かわせ、これによって山上の後進的経済状況を改善することころにあった。

　しかし、中腹部のサトウキビやバナナは同時に重大な環境問題を引き起こす。2002年8月14日、新平県の水塘および戛洒両鎮に位置する哀牢山では、多くの場所で土砂崩れによる土石流が発生した。水塘鎮の金廠村民委員会芭蕉樹村では村すべてが土石流によって流され、14名の村民がすべて行方不明となった。新寨村民委員会曼糯村は村の半分が流され17名が死亡。南達村民委員会の大石板村、大水井村、そして松樹脚村でも村の半分が流さ

れ、大水井村では 11 名が、大石板村と松樹脚村はそれぞれ 2 名が行方不明となった。水塘鎮中心部では山崩れにより 4 名が死亡した。このほかにも、夏洒鎮平田村民委員会岩村でも土石流の被害があり、9 名の村民の死亡が確認された。統計によると、土石流は 63 名の命を奪い、801 棟の家屋が倒壊、2,000 以上が家を失った。同時に、土石流により、221 頭の大家畜、1,463 頭の豚、2,704 羽のニワトリ・アヒル・ガチョウが犠牲となり、3.03 億元の経済的損失となる、新平県の歴史上「未曾有」の大災害となった。哀牢山の中腹部で発生した土石流にはさまざまな原因が考えられるが、中腹部における過度の開発と密接に関連しているだろう。この大規模土石流によって、山上の人びとは環境の脆弱性を考慮するようになっただけでなく、より大きな規模の地質災害移住を引き起こすことになった。水塘鎮では、長期間に及び危険な状態であったので、所轄区内では 2,225 戸 8,551 名が元来居住していた村から移住する必要があった。これらの移住を必要とする人びとは、10 の村民委員会、65 の村民小組（50 あまりの自然村）にわたる（李永祥 2012b）。移住作業は、水塘および夏洒から始まり、同様の状況が全県のすべての郷鎮へと拡大した。

　現在、哀牢山での土石流が発生してから 10 年以上が経過しているが、移住作業は依然として続いている。小盆地および山上の人びとの関係が密接になり、小盆地と山上とのあいだの通婚がないというかつての状況は完全に変化した。都市化の進展により、山上の人びとが小盆地へと継続的に移住しているが、移住により耕地が提供されることはなくなった。移住者には街の中に家屋建築用の住宅地が提供されるのみであり、依然として山上の土地を所有する。彼らは街の中心地で仕事や商売をするほか、山上へと戻り耕作や収穫に従事することができる。商品作物としては、クルミやソウカなどの収穫が追加されている。

4　小盆地および山上の社会適応と未来における都市化の趨勢

4-1　生態環境と社会適応

　適応とは、生態人類学において人類の行為システムと内部および外部環境との関係を検討する理論枠組みである（Alexander 1975：59-73）。それは、構造

と機能を特徴とし、あるいは既定の環境の中で生存・予防するという生物的行為を助けると考えられている（Moore & Regensteiner 1983）。適応は、人類文化と環境との関係の基盤であり、高地であれ沿岸部であれ、北極圏であれアマゾンであれ、人類は社会および文化的戦略により、有効的にその地域の環境に適応することができる（Moran 1981, Sponsel 1986）。生態的地理環境や社会文化の変化は、適応能力を脆弱化させるため、社会は新しく総合的な適応様式や適応能力を必要とする。適応能力とは、生態と社会的レジリエンスを基礎とし、レジリエンスとは「妨害に耐え、その基本的機能および構造の能力を保持することのできるシステム」（Walker & Salt 2006）と定義される。レジリエンス理論の核心はシステム生態学で、それは生態システムが健康状態の重要な指標であるかどうかを評価するものである。すなわち、生態システムが不安定さや妨害（たとえば土石流、干ばつ、洪水、土壌浸食など）に向き合う過程で、システムが妨害の総量に耐え得るかどうか、あるいは妨害の後に安定した状態に戻すことができるかどうか、その核心は機能とモデルである（Gunderson 2000）。これらの理論は、哀牢山の地理的環境や社会文化の変化を解釈する際に用いることが可能である。山上人は当初、森林の奥深くに居住していた。しかしその後、中腹部の開発を開始し、また中腹部に移住するようになる。そして最後には、新たな環境問題の発生に応じて、その中の相当数の人びとが小盆地に移住する必要が生じ、小盆地人の近隣に住むことになった。このような移住方法や居住構成は、山上人および小盆地人に大きな影響を与えた。社会環境の変化が発生し、そしてそれに適応したのである。全体として、小盆地人と山上人は、異なる時期に発生した変化を通して、人類の適応能力の向上、そして文化機能の再創造を証明したと筆者は考える。

4-2　民族関係と社会文化的協同

　山上と小盆地はともに連携し、互いに補い合う社会文化的共同体である。たとえば、漠沙小盆地におけるタイヤー人の編み竹笠は、哀牢山の奥深くに住むイ族の人びとが編んでいるものである。換言すると、イ族が最初にタイヤー人に編み竹笠を与えた人びとであるといえる。タイヤー地区では、イ族の支系であるサンスー人が自らの工芸伝統を維持するために、それを外部の人間に伝えなかったということが依然として伝承されている。

ところが、山上のあるイ族の老人は次のように話す。

　われわれの祖先は竹笠を編んだ後、定期市に持って行き販売した。タイヤー人がそれを買い、彼らはそれを好み、徐々に自分たちの伝統にしていったのだ。ただし、タイヤー人はやはり自分たちでは編むことができないので、サンスー人が今に至るまで編んでいるのだ。

　サンスー人は先祖の時代から、タイヤー人のためにずっと竹笠を編み続けている。彼らは帽子をタイヤー地区に持ち込み、それを売ったり、米や粟、ちぎれた布と交換したりする。そのほか、タイヤー人の伝統的な土藍染めの方法において、原料として主に使われる植物は哀牢山の奥に位置する建興郷や平掌郷、漠沙鎮の仁和や勝利村民委員会のそれぞれ標高の高い地域で育つものである。植物原料は大葉と小葉の２種類があり、大葉の樹は建興や平掌など標高の高い地域でしか育たない。染料となる植物は一年に一度しか熟さず、中秋節以降に収穫することが可能となる。したがって、染め布作業も中秋以降に行われる。イ族の人びとは原料となる植物を刈り取って来ると、穴を掘ってその中に入れ、石灰を加えて蓋をする。すると、植物の腐敗が進行し、沈殿して土藍となる。それをかき混ぜて濾過した後、タイヤー地区の市場へ持って行き販売する。価格は、500ｇで0.8〜2元ぐらいである。土藍を生成する時期は旧暦の９月から10月にかけてで、タイヤー人はこの時期になると布の数量をもとに、市場に出て土藍を購入する。イ族の中には、トラクターを使って土藍を運び、タイヤー地区の村落を回り売りする人もいる。タイヤー人は土藍を手に入れると、年に一度の伝統的な染布を開始する。このような関係は、小盆地人と山上人のあいだにおける、経済的そして文化的な連携を説明するものである。

　以下のことを強調しておくべきであろう。山上と小盆地は新平県哀牢山地区において、地理的文化的な境界であり、山上の人びとと小盆地の人びとは、それぞれ異なるエスニック意識や文化類型を代表している。小盆地のタイ族と山上のイ族、ハニ族、ラフ族は、地理環境、生態、作物類型、そして文化の面で、明確な境界となっているのだ。山上の社会文化的システムと、小盆地の社会文化的システムは、区別されるものでもあれば、連携しているもの

でもある。哀牢山地区では、このふたつの文化システムはより大きな文化システムを創りあげている。そのため、もし小盆地の社会が歴史上ひとつの共同体であるとするならば、山上の社会もひとつの共同体であるのだ。しかしながら、山上と小盆地はより大きな範囲内において、ひとつの共同体であり文化的群体でもあるのだ。

4-3 将来における都市化との融合の趨勢

　都市化の伸展は中国の都市化政策を具現化する重要な要素であり、その過程は全国各地に影響を及ぼしている。新平県の都市化作業もその例外ではない。戞洒小盆地と漠沙小盆地における都市建設は、絶え間なく都市部を増大させ、そして環境が脆弱な高山地区に居住する山上の人びとを小盆地の都市部へと移住させ、鎮住民の構成部分とさせることを伴う。移住作業は前世紀からすでに始まっており、当時は生態移民あるいは貧しい者を扶助するための移住で、後期にはダム建設などに伴う労働移民も少し存在した。その際、小盆地に移住した者に対して、政府は耕地を提供しなければならなかった。しかし、今日の都市移民は耕地が提供されず、宅地と一部の住居建設費用が提供されるのみであり、移住農民は引き続き山上の耕地を所有し、高山果物などの商品作物を栽培する。将来、都市化が向かう方向性は複雑な過程であり、現在ではその評価を下すことはできない。ただし、山上の人びとは小盆地へと移住した後、生態環境、社会文化、生計の立て方などにおいて、それぞれ大きな変化が生じている。したがって、山上と小盆地の人びとは、現代社会の中である意味新たな趨勢の中にいる。それは、新型の融合的な都市化である。山上の人びとを徐々に小盆地地区に移住させることは、小盆地における都市部の繁栄を加速させるだけでなく、山上の人びとを貧困から脱却させ、経済的文化的に発展をもたらすことでもある。小盆地と小盆地、小盆地と山上のあいだには、隔たりもあれば連携もある。都市化をもって代表される小盆地内部の繁栄には、小盆地と小盆地のあいだ、そして小盆地と山上地区のあいだのより大きな規模、より長距離の流通システムの付属が必要となる（馬 2015：7）。小盆地は地方経済発展の推進力であり、一種の多層的社会ネットワークシステムを代表するものである。地方社会の文化空間と全体的な再構造が、都市化の過程において実現することができると予見することが

できるだろう。

[注]
1 花腰タイは広く哀牢山およびその紅河流域の河谷地区に居住する。たとえば、玉渓市元江ハニ族イ族タイ族自治県、思茅地区、紅河ハニ族イ族自治州、西双版納タイ族自治州にも花腰タイ族は分布しており、その言語や服飾は大同小異である。
2 ただし、通海県の花腰タイ人はすでにタイ語を話すことができず、服飾も漢族化されている。
3 西双版納で長期にわたる調査に従事した、中山大学大学院修士課程の李浩氏提供の資料による。筆者は1995年および1999年に西双版納にて花腰タイ族についての現地調査を実施したが、その際彼らは新平県から移住してきたことを自称していた。
4 ロロとは、明清時代の地方の漢族文献に見られる記載で、今日ではイ族に対する蔑称とされる。

[文献]
童紹玉・陳永森（2007）『雲南壩子研究』雲南大学出版社。
馬建雄（2015）「地理生態、国家政治与山区、壩子分異下的社会整合与離散」趙敏・廖迪生編『雲貴高原的"壩子社会"：歴史人類学視野下的西南辺疆』雲南大学出版社。
梁燿武編（1993）『道光新平県志』雲南人民出版社。
孫鈞（2003）「花腰傣与古滇国的淵源関系」陶貴学編『中国雲南新平花腰傣文化国際学術討論会文集』民族出版社、140-151頁。
陶貴学編（2004）『花腰傣文化大観』民族出版社。
石安達（2003）「哀牢山下花腰傣」陶貴学編『中国雲南新平花腰傣文化国際学術討論会』民族出版社、1-58頁。
陳振中（1999）「花腰傣人的来歴」陳振中編『陳振中故事選』新平県文連。
戴維斯（1911）、李太安・和少英等訳（2000）『雲南：連接印度和揚子江的鎖鏈：19世紀一個英国人眼中的雲南社会状況及民族風情』雲南教育出版社。
李永祥（2012a）『泥石流災害的人類学研究』知識産権出版社。
李永祥（2012b）「環境の安全性をめぐる郷村発展と国家権力」『関西学院大学先端社会研究所紀要』8：19-42頁。

Alexander, Alland Jr. (1975) "Adaptation", *Annual Review of Anthropology*, vol. 4, pp. 59-73.
Gunderson, L.H. (2000) "Ecological Resilience in Theory and Practice", *Annual Review of Ecology and Systematics*, vol. 31, pp. 425-439.

Moore, Lorna Grindlay & Regensteiner, Judith G. (1983) "Adaptation to High Altitude", *Annual Review of Anthropology*, vol. 12, pp. 285-304.

Moran, Emilio F. (1981) "Human Adaptation to Arctic Zones", *Annual Review of Anthropology,* vol. 10, pp. 1-25.

Sponsel, Leslie E. (1986) "Amazon Ecology and Adaptation", *Annual Review of Anthropology,* vol. 15, pp. 67-97.

Walker, Brian & Salt, David (2006) *Resilience Thinking: Sustaining Ecosystems and People in a Changing World,* Washington, Covelo & London: Island Press, p. xiii.

第3章

ある山上の少数民族村落の変貌
―― 竹園村 1996 〜 2015

荻野昌弘／村島健司

　筆者のひとりがはじめて竹園村を訪れたのは、1996年のことだった。
　竹園村は、中国雲南省のほぼ中央に位置する新平県にあり、海抜 1,150 m の山間部に位置している[1]。行政村としては、九つの自然村、11 の村民小組からなる新平県老廠郷竹園村民委員会に属している。また、かつての自然村としての竹園村は、現在は竹園一組、竹園二組に分かれている[2]。村民の 90 ％以上はイ族だが、村人たち自身は、自らをニスーと呼んでおり、これが、「民族」の下位区分「支系」に相当する。竹園村の人々にとって、本当に意味があるのはイ族という呼称ではなく、あくまでニスーという自称であり、それが指し示している集団であった。
　竹園村を訪れたのは、かつて行われていた龍神祭が文化大革命以後、初めて本格的に再開されると聞いたからである。ただ、それは単にニスーの祭りを調査するためだけではなく、そこに、21 世紀の世界が解決していかなければならない二つの大きな問題を解く鍵があると考えたからである。ひとつめの問題は、民族と国家の関係についてである。この問題を解く鍵は、ニスーという集団が、中国という国家の近代化政策とどのように折り合いをつけて、民族の自立性を維持していくかを見ていくことで手に入れることができるだろう。二つめの問題は、開発の質に関してである。この問題を解く鍵は、ニスーの村落が、商品経済と消費文化の浸透に対してどのように対処し、新たな地域開発の可能性を切り開いていくのかを見るなかで得られるだろう。
　竹園村という小さな村を観察するだけで、中国の将来だけではなく、21 世

紀における世界のあり方が見えてくると考えたのである（荻野 1996）。

　1996年の時点では、雲南省の中心都市昆明から新平県政府の所在地である新平まで、車で最低1日はかかった。竹園村に行くには、新平で1泊した後、劣悪な道路を走って老廠まで向かい、その後は道が雨でぬかるんでいることが多いため、ジープを利用するか、さもなければ歩かなければならなかった。このような条件の下では、よほどのことがない限り、新平県の外からわざわざ竹園村に訪れる者はいなかった。そもそも、新平県が外部に開放されたのは1992年のことで、それまでは、原則的には外部の者が訪れることはなかった。竹園村を訪れる外国人も、われわれが初めてだった。そして、復活龍神祭の「客人（まれびと）」として、祭りに参加し、宴席で膨大な量の白酒を飲み、夜遅くまで踊り続けることになった。

1　龍神祭

祭りの復活

　当時、竹園村における龍神祭の復活が、村の周辺部を越えて大きく話題になることはなかった。それでも、竹園村の人々にとって、龍神祭の復活が大きな出来事であることに変わりはない。それは、龍神祭が、竹園村のニスー「文化」を代表するものだからである。文化大革命の際、祭りに限らず、「民族文化」の痕跡を残すものは例外なく禁止された。ニスーは、固有の文字を持ち、祭司で、知識人でもあるビモによって、経文など文書が伝えられてきた。しかし、文革時代に少なくとも90%以上の文書が焚き捨てられた。ビモは「批判」され、文革以後、「改革開放」の時代に入って地位が復権してからも、なかなかかつてのように活動を再開するには至らなかった。文革に終止符を打った1982年の新憲法制定以来14年が経ち、ようやく伝統を見直し、かつて行われていたような形で祭りを行うことが可能になったのである。

　龍神祭は、新平県では毎年旧暦2月、最初の鼠の日に行われていた（新平彝族傣族自治県志編纂委員会編 1993：110）。1996年は、3月28日がこれに当たり、28日から3日間、祭りが繰り広げられた。祭りの復活は、竹園村の人々が自発的に決定したことであり、祭りの資金は村人たちから集められたものである。ロサと呼ばれる祭りの初日、村の集会所にひとびとが、米、塩、砂糖、

干し肉、卵などの食料に御布施と線香を、茶碗、あるいは籠に入れて持って来る。これらは、集会所に待機しているビモに渡される。村人から集めたこれらの食料と御布施を使って、祭りが行われる。村政府や郷政府（新平県は、六つの郷＝県の下位組織がある）は祭りの復活に賛成はしている。しかし、政府がより積極的な支援体制を取るかどうかは、復活後初めての祭りが成功するかどうかにかかっていた。

　ロサの儀礼は、村の集落より低い所に位置する井戸の前で、ビモが祈祷することから始まる。ビモは鶏一羽を手に抱えて、井戸に設けられた一種の祭壇の前で比較的短い祈祷を行う。祈祷の後、手に抱えていた鶏を生贄にして、助手がその血を茶碗の中に抜き取る。その後すぐに、生贄にされた鶏を持って、道のある所まで駆け上がり、村境に設けられた祭壇に行く。ビモは線香を捧げた後、今度は経文を左手に、龍が刻まれた鐘を右手に持ちながら、30分ほど経を読む。経が済むと、別の鶏一羽を手に摑んで簡単な祈祷をした後、これを生贄にする。鶏から取った血は祭壇に振りかけ、鶏の毛をむしって祭壇に供える。十分に血を取った後、ビモは生贄を一度放り投げる。

　ビモは、弱ってきてはいるもののまだピクピク動いている鶏の鶏冠、羽、足を短刀でてきぱきと捌いていく。切断された部分は、あらかじめ用意された縄の中心にある鶏を象った飾り、ドーツィモに付けられる。縄には、他に魔除けのための言葉が書かれたシャチトゥーと呼ばれる御札がいくつも付けられており、門用に組み合わされた3本の長い竿に、この縄が結び付けられる。これでジトゥー、すなわち龍門が完成したことになり、儀式が行われた村境に立てられる。同じような門は、同様の儀式を経てもうひとつの村境にも立てられる。また、2つの井戸の前と、祭りの2日目に儀礼が行われる龍樹の前にも、より小規模ではあるが、同様の龍門が設けられる。

　ミカファと呼ばれる祭り2日目の朝は、生贄にされる黒豚の断末魔の叫び声から始まる。用意された6頭のうち5頭の豚が、朝早いうちに屠殺される。屠殺するのは村の成人男性で、彼らは嬉々として豚を殺していく。屠殺した豚は、一旦熱湯の中に入れ、体毛を削ぐ。その後、豚はミカファの舞台となる広場の一角に設けられた調理の場に運ばれ、きれいに捌かれる。豚を捌いて、腸、肝、肉、足等の部分ごとに芭蕉の葉の上に分け、大きな中華鍋で調理をするのも村の成年男性である。女性は豚の屠殺から調理に至るまで一切

関わらない。

　屠殺と並行して、広場の中心にある龍樹でミカファの準備が行われる。龍樹の両脇には、ロサの儀礼の祭壇と同じような竹片三本に青竹、松の枝数本ずつの組み合わせを、片側に36組、もうひとつの側に40組用意し、土の中に差し込む。36組が男性を、40組が女性を表している。また、ビモの一人は龍樹を飾るための鶏を象った細工、チプレを作っている。

　そのうちにミカファの儀式が始まり、まず、雄鶏が生贄として龍樹神に捧げられる。その際に、鶏の生き血を椀に取り、そこから短刀で血を掬って、龍樹の前の祭壇に注ぐ。この後、別のビモが祈祷を始める。これと時を同じくして、広場に放されて束の間の自由を味わっていた最後の豚1頭が取り押さえられ、足を縛られる。ビモが祈祷を続ける背後で、豚は血を抜き取られる。完全に血を取り終えた後、横たわっている豚の腹上に草を置いて、これを燃やす。草が燃え尽きる頃合いを見計らって、豚を他の5頭の豚同様に捌く。これが龍樹への生贄で、首、4本の足、尾の部分は、龍樹の下に供えられる。

　生贄の儀式が終わると、ここ1年以内に生まれた子供たちのために、ビモが祈祷を捧げる。男の子の場合には、その家族が鶏肉を龍樹に供え、女の子の場合には米を供える。子供の母、または祖母が、女性を象徴している40組の竹片の組み合わせの前で焼香し、次に同じように男性の側でも焼香する。昼食時には、男の子が生まれた家は白酒、女の子が生まれた家は、豆腐と炊いたもち米を村人に振る舞う。

　これらの儀式が済んで、いよいよ昼食になる。村人は龍樹の周囲に幾つかのグループに分かれて座り、朝から準備してきた豚を中心にした御馳走を食べる。村に8人いるビモと祭りの客人、すなわちわれわれは、龍樹への供物の前で食事を取る。

　食事が終わると、知らぬ間に女性たちは民族衣装に着替えている。頭にはターバンを巻き、刺繍が施された上着を着て、帯を結んでいる。下は普通のズボンである。そのうちに、2人の初老の男が月琴を弾き始め、子供たちがこれに合わせて踊り出す。この動きに誘われるようにして、民族衣装をまとった女性も踊り始める。大別して、踊りには2種類ある。ひとつは、北京語で葫蘆笙（フルーション）と呼ばれる吹奏楽器に合わせて踊るもので、踊り手はみな手をつ

第3章　ある山上の少数民族村落の変貌

ないで、比較的簡単なステップを踏む。これに対して、月琴に合わせた踊りは、ステップがかなり高度で、特に体を回転させるタイミングが難しい。長い間、祭りが行われていなかったせいで、この難しい方の踊りをうまく踊れない者もいる。

　広場で自然発生的に生まれた踊りの輪はしだいに龍樹の方に近づき、龍樹の回りを踊り始める。もちろん、女性だけでなく、男性も踊りの輪に入っている。踊りを先導する村の音楽家たちは、みな初老の男性である。村で、楽器と歌、踊りは、楽師から楽師へと受け継がれてきた。楽師のひとりは、10代のころから、ある楽師に付いて音楽を学び始め、22歳でほぼ修得したという。

　踊りが最高潮に達したところで、村人全員が参加する儀式が始まる。まず二人の若者が龍樹の脇に設けられていた（村境のものに比べれば）簡単な作りの龍門をばらし、材料に用いられていたスブジェーという種の木の枝や竹片などを手に持って、龍樹の周りを何度か回る。そして、村人の視界から見えなくなる場所まで走り去る。その後、葫蘆笙の合図と共に、龍樹の周りに差し込まれた竹片や松の枝を数人の若者たちがすべて引き抜く。若者たちは、引き抜いた竹片などを持ちながら、大きな石を担いだビモを先頭にして、龍樹の周りを練り歩く。その外で、女性たちが輪を作って、葫蘆笙に合わせながら踊り出す。その中に、ビモの一人が縄を持って入り、若者たちが抱えている竹片をその縄で龍樹に括り付ける。また、準備していた鶏の形の木工細工2つも、同じように龍樹に括り付ける。これで、龍樹の周囲で行われるミカファの儀式は終わりを告げる。

　村人は、夕食も同じように広場で会食し、また踊り始める。また、村の老人たちが、かつて行われていた、男女の間での歌のやり取り（一種の歌垣）を披露する。歌と踊りは、夜通し続いていく。

　ミカファは村人たちがみな参加するが、その翌日、祭りの最終日であるポジョショは、ミカファとは対照的に、ビモたちによる儀礼が中心になる。場所は、村の裏山にあるお堂で、お堂の中に奉られている山の神と外に奉られている天地の神にそれぞれ祈祷する。そして、その後、ビモの先祖を奉るプサという儀式が行われる。これは、最古のビモと考えられている孔夫子（コンフーツー、孔子を思い起こさせる）をはじめとする有名なビモの霊を呼ぶ儀礼

65

で、儀式は一晩中続く。プサが終わり、竹園村の龍神祭は幕を閉じる。

境界と中心の設定

　龍神祭の3日間は、村の成立を象徴する三つの場面を再現している。

　第1日目に当たるロサは、本来雨乞いの儀礼であるといわれている（王 1995：101）。事実、ロサはニスー語で水の神である龍を意味しており、2つの水源の発見から井戸が作られ、井戸のある場所が村の境界になり、村が誕生していく経緯が、儀礼を通じて象徴的に示される。龍門は境界の象徴であり、境界が単なる村の内と外を分けるだけではなく、それ自体、悪霊邪鬼を排除するための特別な場所であることを示している。1991年に水道が引かれたために、現在、一部洗濯で使われる場合を除けば、井戸は使われていない。しかし、ビモの一人は、水源の発見が村の形成につながっている以上、井戸は今も村人にとって重要な意味を持っていると指摘する。

　2日目のミカファは龍樹を意味する言葉である。龍樹の由来については、次のような言い伝えがある。

> 　かつて村人の祖先が、飢えて息も絶え絶えになりながら山上にたどり着き、そこにあった木の側で横たわっているときに、一頭の野生の豚がやって来た。そこで、持っていた斧を振り下ろして豚を殺し、食べると元気が出たので、木の側に住み始めた。それ以後、この木は龍樹として祭られている（王 1995：104）。

　ビモの一人は、豚は村に豊穣をもたらす地母神への供物であるという。この言い伝えの通り、ミカファは、飢饉に陥った祖先を救い、豊かさをもたらしたものとして信仰されている龍樹を祭る日であり、龍樹の周りで豚を生贄にする儀礼と、それに続く会食は、村の祖先が土地に住み始めた経緯を再現するものである。この意味で、供儀は、村の歴史の始まりを反復する行為である。

　その他の儀礼も、村の繁栄と関連がある。雄鶏の供物は、雄鶏の鳴き声が朝の仕事開始の合図であることから、仕事を象徴する雄鶏を龍樹に捧げて、村人が滞りなく生活していることを感謝するためのものである。また、親が、

生まれたばかりの子供を連れて祈るのは、村に新しい命がもたらされ、村の繁栄が保証されていくことに対する返礼である。ミカファの一連の儀礼は、村の生活が再生産されてきたことへの感謝と、今後も同じように再生産され続けることへの祈願を意味している。

3日目の儀式プサでは、物質的な豊かさだけでなく、村に「知」がもたらされたことを再確認する。儀礼が行われるお堂の壁に書かれていた文字は漢字だったが、ビモたちは祭りに合わせてこれを消し、ニスー文字の経文に書き直した。お堂はニスーの知識が宿る場所でなければならない。お堂における儀式がビモだけで行われるのは、かつて村の知を独占していたのがビモだからである。

ビモになるためには、最低3年間ビモの下で修行を積まなければならない。ニスーの文書を学び、儀式、典礼について勉強して、ビモとしての能力が認められ、ビモたちの合意があれば、誰でもビモになることができる。ただ、問題は、ニスーの伝統を受け継ぐためにビモになろうという意志のある若者が、本当にこれから輩出するかどうかである。もし、ビモになろうとする者がなくなれば、龍神祭は自然消滅する運命にある。この意味で、ビモの後継者の有無は、復活した龍神祭が、今後も続いていくかどうかを左右する重要な点の一つだった。これは、より一般的には、3日間のうちで最も目立たないプサの儀礼が、本来、村における知の在り処を再確認して、知識が村の存立基盤であることを示す重要なものであることを意味している。ビモの知識がなければ祭りそのものを行うことができず、村の存続自体が危ぶまれる。祭りの最終日に行われるプサの儀礼は、祭りを完結させることを通じて、ビモが独占する知が村の存続を左右するものである点を喚起していくのである。

2　食と供犠

食と動物

龍門を立てるロサの儀式でビモが経を読んでいるとき、偶然トラクターに乗った人々が通りかかった（トラクターは当時村人の重要な交通手段であった）。一瞬、トラクターの運転手は躊躇して停まったが、結局、儀式が行われている

道を通り過ぎて行った。儀式を中断されたビモは気分を害したような表情を見せたが、トラクターが通りすぎた後、再び、何事もなかったように経を読み出した。ロサの儀式はビモが中心となって司り、村人はその一部が参加するだけである。ビモの持つ知識が重要であるとはいえ、龍神祭が長い間中断されていたことも手伝って、実際には多くの村人たちは普段と変わりなく仕事に出かけており、儀式に好奇心以上の強い関心は示さない。ポジョショの儀礼も、ビモだけが参加して行われるため、ビモによる知の独占を誇示するというよりも、村人の関心の外で行われる秘儀の色彩を帯びている。

　これに対して、村人全員が参加し、祭りが最も高揚した状態になるのは、2日目のミカファの時である。ミカファでは、ロサとポジョショのように鶏が生贄にされるだけでなく、豚を6頭捌いてその内1頭が生贄にされる。そして、重要なのは、ミカファではこれらの生贄を村人全員で食べるという点である。村人にとって一番の御馳走は、この鶏と豚を用いた料理である。豚を屠殺するときの男たちの嬉々とした様子は、単に豚を屠殺する行為自体が面白いからではない。後でそれを食べる喜びが待っているからである。

　料理には、豚のレバー、豚肉と野沢菜の妙めもの、豚の脂身の炒めもの、血で煮込んだ鶏のレバーに、供物として差し出されたもち米を炊いたものや豆腐の煮込みなどがある。その中でも特に生贄にした鶏は、骨つきの肉を二つ紐で結んだまま煮込み、ビモの一人がこれを食べる。紐を肉から外すことなく食べ終わることができれば、村の一年が平穏無事であると考えられているので、慎重に食べなければならない。食べ終えた後、ビモは骨にこびりついた肉をきれいに削ぎ落として、松の葉を骨に差し込み、龍樹の下に供える。

　龍神祭で生け贄になる動物は、鶏と豚に限られている。村では鶏と豚の他に家畜として、水牛、山羊、鵞鳥(ガチョウ)が飼われているが、これらの動物は、生贄の対象にはならない。その理由は、山羊と鵞鳥の場合は、肉が食用ではないからである。生贄の儀式は、その後に会食を伴わなければならない。山羊や鵞鳥では、それができない。山羊や鵞鳥と異なり、水牛の肉は食用にもなるが、水牛は村人にとって単なる食用の家畜ではない。水牛は、何よりもまず農作業をする上で欠かせない動物なのである。水牛に関するいくつかの禁忌は、この点を示している。例えば、村人は、巳の日と猪の日には、水牛を農耕のために馴らしていく調教は行わない。水牛は農耕のために飼育されてい

第3章　ある山上の少数民族村落の変貌

る以上、生贄の対象にはならない。

　ニスーは、豚や鶏のような家畜の他に、蛇やドジョウ、魚なども食べるが、蛇などが、神への生贄として捧げられることはない。それは、蛇やドジョウが家畜ではないからである。ただ、唯一の例外として、狩猟の神に捧げる野鳥がある。これは、猟に出る前に一羽の野鳥を打ち落とし、これを狩猟の神が宿ると考えられている木の前に供えるという儀式である。儀式では、まず、ブティス（新年到来という意味）という種の木の周囲に祭壇を設ける。祭壇には米やビールを供える。ビモは、空気銃をブティスに立てかけ、山から採集してきたバアブという種の木の枝を5本指す。これは東西南北及び中央の方角を表しているという。ただ、この狩猟の神のための儀礼は、あくまで猟師たちのためにあり、村人すべてが関わっているわけではない。

生贄の意味

　以上の点から理解できるのは、生贄として選ばれる動物は、村人の生活に欠くことのできない動物であることであり、それは、具体的には、主に食用に飼育されている鶏と豚である。食用でしかも村人にとって最も美味とされている鶏と豚が生贄にされるという事実は、供犠と食事が密接に関連していることを示している。デュルケーム以来、社会学者や人類学者が取り上げてきた民族誌は、供犠と「食」に密接な関係があることを示しており、ニスーの供犠もその例外ではないことがわかる（Durkheim 1979 : 427-500）。デュルケーム流に解釈すれば、龍神祭は、供犠と会食を通じて、共同体の絆を再確認していくという意味を持っていることになる。ただ、供犠が共同体の絆を再確認する行為であるという点をここで「再確認」しても、龍神祭の現代中国における復活がいかなる意味を持っているのか十分に理解したことにはならない。これを理解するためには、まず、デュルケーム以後、食と供犠の関係が、社会学や人類学などの諸分野で、どのように捉えられてきたのかを見る必要がある。

　歴史学者のマルセル・デチエンヌは、古代ギリシャにおける供犠と食の関係についての論文のなかで、異端のオルフェウス教徒やピタゴラス学派から、当時ギリシャで慣習として行われていた供犠を批判する議論が、出てきたことに触れている（Détienne et Vernant 1979 : 7-35）。ピタゴラス学派の強硬派は、

供犠によって祭壇が血で汚れることを忌避して、菜食主義を徹底し、俗世間に交わることを拒否して、禁欲的な生活を送った。オルフェウス教徒も、あらゆる動物の殺害行為を断罪し、これを許している都市国家から離れて生活を営んだ。

　ピタゴラス学派の強硬派は、菜食主義を遵守するだけでなく、料理人や肉屋、猟師のように動物の肉を扱う職業に携わっている人々を徹底して避けた。特に古代ギリシャでは、生贄を屠殺し、その後これを捌いて調理する者が専門職になっており、ピタゴラス学派はこの専門職の存在を認めなかった。

　古代ギリシャに限らず数多くの社会で、ある時期から供犠を野蛮な行為とみなす思想が出てくる。それは、血を嫌い、人間に限らず動物全般の殺害を暴力の行使と捉えて、極力これを避けようとする。そして、そのために、生活の場から血と暴力を排除しなければならない点が説かれる。古代ギリシャのオルフェウス教徒は、世俗から離れることで、血の匂いのしない生活の場を確保しようとした。

　オルフェウス教徒は、あくまで少数派だった。しかし、当初は少数派の思想であっても、それが、しだいに支持者を増して支配的な思想になり、社会秩序編成の原理となることもありうる。インドのカースト制は、供犠と肉食を徹底して「穢れ」、「劣った」ものとみなすことで階層秩序を築き上げている点で、菜食主義を最上とする思想に基づいて作られた究極の制度である（Dumont 1966）。

　インドの場合は菜食主義者であることが、上位のカーストに位置していることの証だが、西欧の近代化、ないしは文明化の思想は、動物の屠殺や調理を一般の目には触れない場所で行うことによって、血と暴力を社会から可能な限り排除しようとする。ただし、肉食そのものは否定されることはない。それどころか、その原型をまったく残すことなく、巧みに調理され、盛りつけされた肉料理そのものが、一種の作品として賞味される。豚肉料理を食べながら、豚そのものを想起して、気分を害するということはほとんどありえない。西欧におけるこうした食の文明化が急速に進むのは19世紀のことだが、すでに17世紀から屠殺業者、肉屋のような専門業者が食肉を扱うようになり、家庭は単なる消費の単位となり始めていた（Elias 1969 = 1977）。

　このような食の文明化は、食卓に乗る料理と調理の過程で生じた余剰物を

分け、余剰物は汚物として隔離していく。かくして、余剰物、すなわち汚物のない空間だけが清潔であるとみなされるようになる。食卓は、余剰物を隔離された場所に排除することで成立する、極度に人工的な空間となる。

　食事の場が清潔であるためには、調理の段階で生じる様々な余剰物（例えば、食材の中で用いられなかった部分）を食事時に排除するだけでは十分ではない。食べようとした料理をうっかりして皿の外に落としてしまうことなど、食事の最中に、清潔であるべき空間を汚してしまう可能性が常にあるからである。落とした料理は、食卓にあってはならない余剰物である。余剰物が食事をしている人々の眼前にある事態は、極力避けられなければならない。そのために、食卓に相応しい態度がテーブルマナーとして詳細に定められ、それを忠実に守ることが要求される。テーブルマナーの修得とは、食事時に余剰物、すなわち汚物を出さないような身のこなし、振る舞いを身に付けることを意味する。

　食の文明化に限らず、商品の大量生産と消費の拡大は、ゴミや廃棄物のような余剰物を生み出し、それは清潔な空間を汚す物として排除される。かつて農業で肥料として用いられていた人糞のような排泄物は、工業生産には役立たないため、単に悪臭を放つ汚物にすぎなくなり、工業生産が生み出す直接の余剰物の仲間入りをする。さらには、象徴的な意味を担っていた人、動物の死体も、ただの余剰物とみなされるようになる。これらの余剰物は、再利用できない無意味なモノとしてしか認識されないため、できる限り人の目に触れない隔離された場所で処理されなければならない。その結果、下水道のような余剰物処理のための設備が作られ、余剰物とそうでないものとが厳密に区別されるようになる。また、清潔な空間を維持するための規律が要請され、この規律から逸脱した行為はすべて環境を汚すだけの余剰の行為となる。

　龍神祭における供犠の復活は、食卓と調理を厳密に分離する食の文明化の思想から見ればもちろんのこと、血と暴力を否定する菜食主義の思想から見ても、時代を逆行する動きである。食の文明化とは反対に、龍神祭では、屠殺や肉の調理を特別の日に公共の場所で行う。そこには、余剰物も、それを排除するための空間も存在しない。儀礼が行われる空間とそうでない空間の境界自体が曖昧で、そのために、儀礼の際に守るべき適切な態度がどのよう

なものであるかも明確ではない。ビモの一人が祈祷をしているときに、他のビモが傍らで水煙草をふかすなど厳格な規範を欠いたような光景に出会うことがあるが、それは、目的に合わせた場所とそれに相応しい行為が要求される近代的な規範が存在していないからである。

したがって、村人が、テーブルマナーのような細かい規則に縛られることもない。もちろん、それは、彼らが礼儀を知らず、野蛮であることを意味するわけではない。鶏の鶏冠の部分を長老に捧げる習慣（これはニスーに固有の習慣ではないが）や、白酒を勧められたときにこれを必ず受けなければならないなど礼儀作法があり、これを守らないことは相手に対して失礼なだけでなく、場合によっては相手に対する攻撃と受け取られる。ただ、マナーに基づいた食事時の一挙手一投足が、清潔な空間を生み出していくような近代的な清潔観念は彼らにはない。食卓の下に骨を捨てることは当然のごとく行われるが、食べ残しや食べ滓は、家畜の餌になるなど再利用されるため、余剰物＝汚物とはみなされない。

余剰回避の原則

竹園村の暮らしは、あくまで余剰物が出ないように営まれている。当時、年間で10万元にも上り、村の収入の50％を占めていた（それ以外の主な収入源は焼き畑農業による）竹を資源とした箸や籠の生産は、まさにこの余剰回避の原則に適合している。竹園村はその名の通り竹林に覆われており、竹の成長が早いため、これを定期的に伐採する必要がある。各家庭で竹の箸や籠などを作るのは、伐採した竹の資源としての有効利用である。各家庭が作る箸は、1パイ（箸100本分）で1.6円の収入になる。1日中働いて、15パイの箸を作ることができるが、実際には農作業の合間などに箸作りをするため、1日平均の仕事量は3から5パイ程度である。各家庭の作った箸は、老廠にある工場に送られて最終的に仕上げられる。

龍神祭も、余剰回避の原則を貫いていくうえで不可欠な装置の一つであった。その中で最も重要な位置を占めている供犠において生贄になる豚は、富の象徴として、村人が一時に消費できる富の限界を示している。この消費の限界点は神によって定められており、供犠を通じて、神と共に消費の限界点を確認していかなければならない。龍神祭の隠された社会学的意味は、供犠

を通じて、過剰な生産や消費を制約し、村の暮らしを支える余剰回避の原則を再確認することである。供犠と食が密接な関係にあるのは、食生活から余剰回避の原則が貫徹されていかなければならないからである。

余剰回避の原則に基づけば、ゴミのような余剰を生み出す過剰な商品生産や消費自体が不道徳、不衛生な行為になる[3]。したがって、余剰回避の原則は、常に商品経済の論理と対立する可能性を秘めている。村人の一人（32歳、男性、定期的に映画会を開催している）は、雲南省のなかでも観光化され、消費文化が浸透している西双版納（シプソンパンナー）に旅行したときの体験に基づき、西双版納のような地域は、急速に消費文化が広がったために社会が混乱したと批評する。こうした消費社会批判が単なる個人的な意見でないことは、地方政府の幹部が新平県の将来を語るときの語り口にも現れる。

新平県や老廠郷の政府の幹部職の年齢層は20代から30代で、ニスーをはじめとするイ族の出身である。彼らは、森林や鉱山の開発（すでに銅の精錬工場がある）によって、地域が豊かになるはずだと考えていた。この点で、彼らが近代化そのものを否定しているわけではない。しかし、イ族の伝統を捨ててまで、徹底した近代化を押し進めようと考えてはいなかった。むしろ、彼らは、いかにしてイ族の伝統を維持しながら、地域の開発を行うことが可能かという点が、今後の最も重要な課題であることを十分認識していた。この意味で、竹園村の龍神祭の復活は好ましいことであり、事実、祭りが成功裡に終わったことを受けて、村政府と郷政府は、今後龍神祭の開催に協力を惜しまないことを約束していた。そして、もし、これが竹園村以外の村にも広がっていけば、それは単なる伝統の復活を意味するだけでなく、新平県の自治が、上海などの大都市で見られる野放図な近代化とは異なり、地域の資源を可能な限り活用しながら発展していくための第一歩になるはずであった。

3　学校教育と消費文化

学校教育の問題点

余剰回避の原則に基づいた地域開発の方向を見出し、消費文化の浸透を制御しながら、地域開発を進めていくニスーの考え方は、学校教育における新たな試みに具体的に現れていた。それは、竹園村の小学校におけるニスー文

化教育の試みである。竹園村小学校では、1995年から、ニスーの文字と踊り、歌を教えられた。資金不足のため、対象は3年生と4年生の3クラスに限られているが、実際にビモの一人が教室で文字を教え、龍神祭で活躍した楽師が歌と踊りを教えていた。郷政府の幹部や教育長らも、この実験的な民族文化の教育に強い関心を持ち、支持していた。

　もちろん、地域開発は、ニスーの文字や踊りを習得するだけでできるわけではない。地域開発に必要な技術者、教員等の人材確保が不可欠である。その前提となるのが教育の充実であり、政府の幹部層は一様に、教育の重要性について語りながら、現実には、多くの問題点があることを指摘していた。まず、老廠の小中学校教員の半数が必要な資格を持たない代用教員にすぎず、過疎地域で働きたいと希望する者は少ないため、教員不足を解消することがなかなかできない。これに加えて、政府の資金援助がなく、農民の出資に頼らざるをえないため、教育設備の改善は進まない。このような制約があるため、1993年までに中学全入を果たすという目標が難しくなっているといった話を幹部層は話していた。当時、まだ中学就学年齢の児童のうち30％ほどが、教員と設備不足のため、中学に進学できなかったのである。

　このようなときの幹部層（校長などの教育者も含む）は、学校教育を通じての民族文化の継承を説くときとは異なり、村人が日常会話で北京語を使わないため、北京語による学校教育への適応は決して容易ではないと村人の「後進性」を指摘した。また、伝統的に知識がビモによって独占されてきたニスーが、なかなか近代教育の制度に適応しないことを嘆いていた。しかし、一方で、ニスーの文字を教えながら、もう一方では北京語による学校教育の充実を説くことに、幹部層は矛盾を感じてはいなかった。それは、近代的な教育は、あくまで余剰回避の原則の下で地域を開発していくための一手段にすぎないと彼らが考えていたからである。村や郷政府の幹部が望んでいるのは、龍神祭の復活や、ニスー文字、踊りなどの教育の結果、学校教育を修了した段階で、再び村に戻り、村の発展のために尽くそうと考える者が、数多く出てくることなのである。

写真と自己像

　しかし、必ずしもこうした幹部の目論見通りに事が運ぶとは限らない。ニ

スーの地域開発を制約し、場合によっては失敗に終わらせる要因が、ニスー自身の中にあるからである。それは、彼らの「自分自身」へのこだわりである。

　ニスーの人々は、村の外部の者（例えば村を調査したわれわれ自身）と親しくなると、好んで自分の生い立ちを話す。自分がどのような経歴で、今現在何をしているのかをできる限り詳しく語ろうとする。それは、自分自身の歴史、自分史をあらためて確認しているかのように見える。

　自分自身を語ること以上に、村人が関心を持っているのが写真である。写真の被写体になりたいという村人の願望は強烈で、祭りのあいだに、一人の村人の写真をポラロイドで撮ってプレゼントすると、次から次へと写真を撮ってもらいたいという者が現れた。数少ない家族の写真を額に入れて飾っている家庭もあり、自らの姿を写真に留めることで、自分自身の生の証を残そうとする志向性が一般に見られる。

　写真は、写真を撮影した時々の自己をイメージとして固定する。しかも、写真を撮影するのは旅行した時など特別な時に限られるので、写真を見ることによって、自己の体験の歴史を反復することができる。また、それは、端的に自己の外見の変化を示しており、自己像の歴史が明確になる。写真がなければ意識することはなかった自己像の歴史は、積極的に自己を変容させようとする願望を高める。自分自身の別の姿を夢見ることが可能になる。この意味で、写真が明らかにする自己像の歴史は、自己が個人として変身する可能性を示すものである。

　写真の普及によって高まる変身志向は、余剰回避の原則とは本質的に矛盾する。なぜなら、余剰回避の原則は、過剰な生産と消費を制約するためのものであるのに対して、変身志向は、消費文化に適合し、消費文化によって増幅されるからである。消費文化は農民を都市に誘い、農民は、都市で変身することを夢見る。反対に、祭りを通じて高揚し、非日常的な瞬間を味わうことにはさほど関心を示さなくなる。この意味で、一見取るに足らぬ些細なことのように見える写真への関心は、長い目で見れば、余剰回避の原則を崩す方向に向かうはずである。

就学と都市への移動

　学校教育も、写真以上に変身志向を促す性格を兼ね備えている。学校教育が変身志向を促す可能性があるのは、中等教育や高等教育を受け続けるためには、村を離れなければならないからである。例えば、竹園村から数キロのところに 10 世帯 49 人から成る小さな村がある。この村では、当時 13 人が学校教育を受けるために村を離れていた。その内訳は、竹園村の小学校に 5 名、老廠の初等中学に 4 名、新明の高等中学に 2 名、昆明の大学、専門校に 1 名ずつである。ほとんどの子供は、いったん、村を出て、中等教育から高等教育へと進むうちに、故郷の村に帰って農業に従事するのではなく、都市で別の職業に就くことを望むようになる。その中には、都市で職を見つけることができずに、故郷に戻って来る者もいるが、それでも着実に村は過疎化していく。この村の場合、就学前の子供（4 名）を除いて、村に子供の姿はない。

　学校教育は、制度上、多くの子供に故郷から離れていくことを強いる。その結果、故郷を離れた者の多くが、複数の選択肢の中から、その一つを自ら主体的に選択する可能性があることを自覚する。その選択の際に、村に帰って、再び余剰回避の原則に拘束されながら生活するのではなく、都市で消費文化に合わせた生活を送りたいと願う者は、着実に増加する。この意味で、学校教育は、教育の機能だけではなく、過疎化と社会移動を促し、村落を消滅させていく働きがある。

　当時まだ、改革開放で揺れる都市部に見られる消費文化は、竹園村には浸透していなかった。確かに、竹園村ではテレビを持つ家庭も多く、村人が消費に関心がなかったわけではない。しかし、龍神祭の復活が象徴的に示しているように、文明化の論理が必然的に要請する消費としての食生活は、竹園村では想像できない。肉屋は存在しないし、屠殺は村人が共同で行うことは龍神祭が示している。村の中には、雑貨品や清涼飲料、お菓子等を売る店が何軒かあるだけで、それは村人たちの生活の中では補完的な役割を果たしているにすぎなかった。村人は、米、麦をはじめとして、野菜を除くほとんどの食物を自給自足で満たしており、食料に関しては外部に依存する必要はなかった。相対的に物質的な充足感を享受する中で、1996 年の時点で、竹園村の人々は消費文化との葛藤をまだ知らなかった。したがって、竹園村が、

学校教育制度が引き起こす意図せざる結果などによって過疎化の道を進むのか、頑強に余剰回避の原則を守りつづけるのか、それとも、伝統と近代化を調和させた独創的な発展の方向に進むのかはっきりとしてはいなかった。

4　竹園村 2015

市場経済と竹園村

　20 年の時を経て、道路は整備され、老廠から竹園村までは、車で簡単に行くことができるようになった。20 年前、すでに稼働していた銅山開発が進み、その恩恵を受けたのである。しかし、変わったのは、単に道路事情だけではない。村そのものも大きく変容していた。村は、20 年のあいだにいかなる変貌を遂げたのか。

　1996 年に 546 人だった竹園村の人口は、2015 年には 729 人に増加している（労働力人口のうち、約 7 割が第一次産業に従事）。共有耕地面積は、180 畝から 503.01 畝に増え、村の総収入も 20 万元から 630 万元へと、20 年間で 30 倍以上も増えている。中国全体の経済成長に伴い、農業を中心とした竹園村の経済規模は急速に拡大している。その理由は、2009 年ごろから始まったサトウキビ栽培によるものである。

　改革開放以降、新平県政府は大規模なサトウキビ栽培発展計画を策定し、製糖工場の建設と原料となるサトウキビ農園の拡張を推進してきた。2001 年には、新平県が「国家十五大製糖用作物生産基地県」に選ばれ、2005 年は、サトウキビの耕地面積は約 10,000 ha、総生産量は約 616,800 トンに増加した（新平彝族傣族自治県概況編写組 2008：81）。サトウキビ生産は、この 50 年間で耕地面積にして約 100 倍、収穫量として約 200 倍もの規模に成長したのである。

　李永祥の分析によると、製糖工場は従来、大規模国営事業として運営されてきた。工場長は政府によって任命され、政府の指導によってサトウキビ栽培に従事する各農村の経済政策が執行されてきたのである。しかし、改革開放以降、地方政府の支持を取り付けた民間資本の製糖工場が誕生し、サトウキビ産業の拡大に貢献した。非国営企業の参入に伴い競争力は激化し、国営企業は存続の危機に面し、新平県における製糖工場も民営化などの制度改革に乗り出さなくてはならなくなった。民営化後、製糖工場の指導者は地方政

府の正式な幹部ではなくなるが、経済政策のなかで製糖工場が占める位置は変わらなかった。政府は製糖業に関わる部局を立ち上げ、製糖工場と農民の間の新たな関係の調整者として、深く関与し続けたからである（李 2008：96-97）。

　こうした背景のなか、伝統的サトウキビ栽培を営んできた河谷地域だけでは耕地が不足したため、山間部においてもサトウキビ栽培が始まった。生産技術の向上により、山間地域においても効率的にサトウキビを栽培することが可能となったからである（李 2008：78）。新平県にはいくつかの大規模製糖工場があり、それぞれ周辺の多数の村落と契約関係にある。工場を常時稼働させる必要がある製糖工場は、契約関係にある各村落に対して収穫時期を分散させ、村落ごとに異なる期間にサトウキビを納品させる。そのため各村落では、製糖工場に指定された期日にしたがってサトウキビを栽培・収穫し、それを契約先の製糖工場に納める必要がある。たとえば竹園村では、ある月の 20 日間が工場への納入期間であると定められている。この製糖工場により定められた短い期間内に大量の収穫を行う必要があるので、竹園村では村中の労働力を総動員してサトウキビの収穫作業に当たらなければならない。

追跡調査 1996 〜 2015

　われわれは 1996 年に調査した調査対象者のうち消息がわかる竹園村の六家族に対して、19 年後の 2015 年 8 月に追跡調査を実施した。これを表にしたのが、表 1 である。家族には A から F の記号を付しており、第一世代（祖父母）から第四世代（孫）まで分けて表示している。表示しているのは、1995 年の時点で生存していた村人で、その後死亡した場合には「死去」としている。また、それぞれの職業と、竹園村に居住していない場合には、2015 年時点での居住地を示した。この追跡調査データに基づき、より個別的に竹園村の変貌について見ていこう。

　各家族の属性を個別的に見ると、B、C、D、E の家族はそれぞれ現在でも農業を生業としているが、やはり主に栽培しているのはサトウキビである。2015 年に話を聞いた家族 B の長女によると、かつてはタバコを栽培することによって生計を立てていたが、2009 年頃からサトウキビの栽培へと切り替わり、現在は年間 1 万元から 2 万元のあいだの収入のうち、タバコの占め

る割合は10分の1程度にすぎないという。同様に、家族C、D、Eのいずれも、主な収入源がタバコの生産からサトウキビの生産へとシフトしている。収穫したサトウキビは、すべて官営の製糖工場へ出荷され、そこから代金が支払われるという。家族Dの父も年間収入は1万元から2万元のあいだであると述べ、20年前に比べると倍増しているとのことである。

一方で、サトウキビ栽培以前に主要産業だった竹細工（20年前には村の収入の50％を超えていた）や、竹細工に代わり主要産業となったタバコの生産は縮小している。現在はこれらの生産物による収入は、村の総収入630万元のうち、165万元程度にすぎない。ただ、タバコ生産においても、効率化が進んでいる。タバコの生産については、村全体で政府によって定められた総収穫量があり、それが各戸に割り当てられている。家族Dは、隔年で穀物とタバコの生産を交互に行っており、穀物は一度に収穫したものを2年間かけて消費しているという。Dは、2年に一度のタバコの生産の際には、収穫量

表1　竹園村六家族の家族構成および世代別職業・居住地

家族	世代I	世代II	世代III	世代IV
A	祖父（死去） 農業ビモ（当時）	父（死去）	長男 教習所教官・県城	孫（長女） 雲南民族大学卒業
	祖母（死去）	母	次男 製鉄会社	孫（長女）中学・老廠 孫（次女）小学
			長女 職業中学教師・県城	
B	祖母（死去）	父（死去） 農業ビモ（当時）	長女・農業	孫（長男）公務員・夏酒
			娘婿・農業	孫（長女）看護士・夏酒
C	父（農業ビモ）	長男（消息不明）		
	母	長女（主婦・貴州）		
D	祖母（死去）	父 農業	長男 電力会社	孫（長男）高校・老廠 孫（次男）小学
		妻	次男 記者・県城	
E	祖父	父・農業	長男 公務員	孫（長男）高校・老廠 孫（長女）小学
	祖母	母	長女 販売員・県城・既婚	
F	父・公務員・老廠	長女・中学		
	母・食堂経営			

の割当分をその年に収穫せずに余している別の家族から融通を受けることによって、政府によって割り当てられている以上の生産を可能としている。同様の仕組みは竹園村では一般的に見られ、家族Eのところでは、竹園村だけでなく、近隣の老廠郷に住む親戚の名前を借りることによって、収穫量の割当を得ている。

　また、タバコを生産して出荷するためには、収穫の後に燻製作業を行う必要がある。Eでは、燻製設備を向かいの家から借りることによって、作業の効率化を進めている。Eの家族と直接的な親族関係にはない、もうひとつの家族と設備を共用し、二家族の共同作業によってタバコの生産を行っている。これは、燻製設備の所有者の娘がEの家へと嫁いだためであり、もうひとつの家族も同様に所有者と親族関係にあるからである。これは、収穫高の割当分の貸し借りや、設備の共有や共同労働などの相互扶助システムの維持を示しているように見えるが、その目的はあくまで効率的な生産を追求するためである。

龍神祭のメタモルフォーゼ

　製糖工場が定める収穫期間に、村の事情が考慮されることはない。竹園村では2014年、収穫期間が龍神祭の日と重なった。期間中は、多くの村人が労働力としてサトウキビ収穫にとられ、例年のように龍神祭に参加することができなかった。結果として、祭りの規模は大幅に縮小せざるを得ず、多くの儀式が簡素化されることになった。かつて「ミカファ」の日には、龍樹に捧げ終えた豚肉などの食事を龍樹前の広場にて村人全員で食し、一晩中踊り続けていたが、昨年は龍樹に捧げる儀式は行うものの、サトウキビ収穫へとかり出され、祭祀自体に参加することができなかった者には、それらの食事が自宅に送られるにとどまった。

　この事例は、製糖工場から指定された収穫日が、偶然に竹園村で最も重要な祭祀である龍神祭の期間に重なったために生じたことかもしれない。しかし、重要なのは、たとえ偶然とはいえ、村人が龍神祭ではなく、サトウキビの収穫を優先したことである。換金作物であるサトウキビの収穫のほうが祭りより重要視されるのは、商品経済のほうが優先されることを意味している。そして、村の余剰回避の原則がほぼ破綻していることを示している。言いか

えれば、村の社会構造自体が大きく変化しているのである。

こうした状況に呼応するかのように、もはやビモになろうとする若者はほとんどいない。家族Aのかつてビモだった父親の次男（製鉄会社勤務）[4]に、ビモになる可能性について尋ねると次のような答えが返ってきた。

> 時間がない、お金にもならない、今の仕事の方が儲かる。ビモのことを学ぶためには多くの時間が必要となるので。

ビモは冠婚葬祭を司るために、祭典の際には謝礼が支払われるが、それはわずかな額にすぎない。そのため1995年の調査時にも、ビモたちはそれだけで生計を立てることができないので、農業にも従事していた。しかし、閑散期のある農業とは異なり、工場や会社に勤務する今日の村人にとって、ビモになるための訓練を受ける時間を捻出することはむずかしい。したがって、ビモの後継者が現れず、その高齢化が進行している。1996年の龍神祭という「伝統の復活」を喜ぶような状況が、竹園村で長く続くことはなかったのである。

学校教育と移動

20年前、竹園村の小学校では、龍神祭の構成要素である踊りに加え、イ族文字の教育が行われていた。しかし、資金不足でそれは数年後中止された。高台に、新たな小学校舎が建設されているが、そこでイ族文字が教えられることはなくなった。イ族が北京語を日常で話さないため、学校教育に支障が出ていることをかつての学校関係者は嘆いていたが、いまやそうした問題は解消され、イ族出身者のなかには中国語の教員になる者も出てきている。すでにふれたように、学校教育の浸透は、若年層の都市への移動を促進する。こうした状況が、竹園村にも起こっている。

過去20年のあいだに、竹園村の人口は増加しているが、1996年と2015年に調査した六家族でもっとも若い世代を見てみると、将来的に急速に過疎化が進むことがわかる（表1）。家族Aでは、1995年の調査対象者（第二世代）から見て、親の世代（第一世代）、子の世代（第三世代）、孫の世代（第四世代）が存在したが、第三世代の三名のうちふたりは、すでに村外に移動していた。

もっとも若い第四世代のうち、竹園村に残っているのは、1995年の調査対象者の次男の次女（小学生）だけであり、次女も中学入学時には老廠に移動することになる。他の家族では、家族Dの1995年における調査対象者の長男の次男（小学生）だけが、竹園村に住んでいる。つまり、六家族のもっとも若い世代で、竹園村に住んでいるのは小学生のふたりだけなのである。
　核家族のもっとも若い世代の職業をみてみると、公務員・教員等、マスコミ関係、学生がほとんどで、学歴資本を取得した後、みな村外で働いているか、働くことになるはずのひとびとである。ビモの家系である家族AとBの若い世代は、かつてビモが保有していた伝統的知ではなく、国家を支える学校の知を積極的に習得し、それを職業につなげている。かつての村の伝統的知識人の末裔は、学校教育に完全に同調し、もはや伝統的知を顧みることはない。
　余剰回避の原則を支えていた神話的思考は、しだいにその威力を失い、国家に保証された学校がもたらす知に取って代わられる。しかも、それがわずか20年のあいだに起こっている。龍神祭は、単なる祭りではなく、村の全体的社会秩序を支える要の役割を果たしていた。文化大革命でさえ、それを根絶やしにすることはできなかったが、国家に支えられた資本主義経済の浸透によって、誰も気がつかないまま、村の全体的社会秩序は解体されていくのである。

［注］
1　新平県の概況については、第2章を参照のこと。
2　竹園村村民委員会から提供された資料「夏酒竹園村委会基本情況」、「竹园村竹园1、2村民小組基本情況」、および云南省玉溪新平県数字乡村新农村建设信息网「竹園村民委員会」
　　（http://ynszxc.gov.cn/S1/S305/S359/S250241/S250307/）より。
3　1996年の時点で、竹園村にゴミ箱はなかった。
4　この次男がA家を継ぎ、現在は家畜を飼育しているが、主要な収入は彼が勤める製鉄会社から得られる給料である。次男によると、その月収は3,000〜4,000元程度で、村人1人あたりの平均収入を上回る。

[文献]

Détienne, M et Vernant, J.-P. (1979) *La Cuisine du sacrifice en pays grecs*, Paris : Gallimard.
Dumont, L. (1966) *Homo hierarchicus*, Paris : Gallimard.
Durkheim, E. (1985) *Les Formes élémentaires de la vie religieuse*, Paris : P.U.F.
Elias, N. (1939) *Über den Prozess der Zivilisation*, Basel: Verlag Haus zum Falken.（＝赤井慧爾他訳（1977）『文明化の過程　上』法政大学出版局）.
郭浄ほか編（1999）『雲南少数民族概覧』雲南人民出版社.
李永祥（2008）『国家権力与民族地区可持続発展──雲南哀牢山区環境、発展与政策的人類学考察』中国書籍出版社.
荻野昌弘（1996）「食と供犠──中国雲南省ニスー族の龍神祭」『関西学院大学社会学部紀要』75：117-126頁.
王麗珠（1995）『彝族祖先崇拝研究』雲南人民出版社.
新平彝族傣族自治県地方誌編纂委員会編（2012）『新平年鑑』徳宏民族出版社.
新平彝族傣族自治県概況編写組編（2008）『新平彝族傣族自治県概況』民族出版社.
新平彝族傣族自治県志編纂委員会編（1993）『新平県志』生活・読書・新知三連書店.

column 1

雲南と少数民族を見る視線
──笑顔と投げ槍──

佐藤哲彦

　19世紀後半帝国主義の時代、雲南はフランスや大英帝国の関心の的の一つであった。フランスはすでにベトナムを植民地化しており、その北方の雲南にも強い関心を抱いていた。やがてそれは1910年に完成する昆明・ハイフォン(ベトナム)間の鉄道建設に結びつくことになる。フランスが雲南に関心を示したのは商品の販売地としての魅力もあるが、同時に鉱物資源と、何よりも阿片を獲得するためであった。その視線の先には国富となる資源があった。大英帝国も同様に、当時の領事のレポートから、当地の産業や鉱山資源、そして阿片に強い関心を持っていたことがうかがえる。大英帝国はすでに阿片戦争に勝利しており、1909年に上海で開かれる万国阿片会議まで、清政府が阿片の生産や流通を統制することは出来なかった。この時期、重慶に駐在していた領事アレクサンダー・ホジーは、後に『阿片ケシの道 (On the Trail of Opium Poppy)』を書き上げるが、1883年2月から6月にかけて四川、雲南、貴州を旅行し、各地の詳しいレポートを記した。それはすぐさま8月には本国に提出された (Hosie 1883)。このレポートは、後に彼が出版し現在でも読まれている『中国西域での三年 (Three years in Western China)』(Hosie 1890) の原型となっているが、そもそもから紀行文のスタイルをとっており、彼が道行くなかで出会う人びとや商品などの物品、あるいは阿片を産出するケシを含めた薬草などについて、比較的詳細に記述している。そこには漢族以外の人びとの記述も垣間見られる。

　ホジーによる雲南に関する記述の特徴の一つは、意外にも、ロロと呼ばれたイ族に対する静かな恐れである。雲南に入ると、他の地域ではそのような記述はないのにもかかわらず、そこはすでにロロの国 (country) であると記されている。とはいうものの、その道中で何人かのイ族に出会い、また漢族とイ族のミックスである人物に道案内をしてもらうなどイ族は直接的には恐怖の対象ではなく、その描写は他の民族と変わらない。しかしながら、あるとき道端で投

げ槍（javelin）を持ったイ族に出
会ったとき、こちらの荷を襲う
のではないかという不吉な予感
を抱いたことが記されている
（Hosie 1883：21, Hosie 1890：104）。
それはイ族というよりまさにロ
ロという印象を読み手に強く与
える瞬間である。もちろんその
ようなことは実際には起こらず、
当のイ族は投げ槍を抱えたまま、
山あいの小道に姿を消した。し
かしその描写は、それ以前に四

雲南民族村のイ族

川で出会ったチベット族が笑顔（smile）とともに記されているのと極めて対照
的に不穏な印象を留めている。笑顔と投げ槍――その対照的な記述は、ホジー
がロロを他者として認め、そう眺めていることに気づかせるのに十分なもので
ある。

　一方、このしばらく後、昆明に鉄道が到達する以前に雲南について記した
ジョン・アーチバルドにとって、イ族はすでにそのような不穏な印象を持つ
ものではない。雲南に移ってきた漢族（中国人）たちが、高地に十分に適応で
きていないせいか、あるいはそのために阿片を喫煙しているせいか、無気力で
あるのに対して、イ族やミャオ族の方がはるかに活力があると看破しており
（Archibald 1910：76 ただしこの箇所の原著は 1904 年）、その視線はむしろ好意的です
らある。彼は漢族風の服装をしているイ族のことを「飼い慣らされたロロ（the
tame Lolo）」と呼んでいるが、その言葉にわずかに他者であったロロの残滓が認
められる程度である。

　さらにそのわずか後、鉄道到着の直前、後年には愛新覚羅溥儀の家庭教師を
務め、近代精神を溥儀に注入したことで知られる中国学者のレジナルド・ジョ
ンストンが、北京から四川と雲南を越えてマンダレー（当時はビルマ、現ミャン
マー）へと旅をしたときのことを記している。彼は雲南のイ族について、学者
らしくそれ以前のイ族に関する議論を考証しながらミャオ族やビルマ族との類
縁関係などに言及しており、イ族に関してすでに以前のような不穏な印象は皆
無である。13 世紀までこの地がイ族の支配するところであったという説を紹

介するなど、その力の系譜について言及する程度である（Johnston 1908）。

　このように当時書かれたものを順に追っていくと、この間、ロロと呼ばれたイ族の記述が、次第に平穏で平板なものになっていくことがうかがえる。しかしそれはイ族が文明化されたというよりもむしろ、それを見る視線の方が、そのように記述を変化させているように見えるのである。

　とくに 1908 年刊行のジョンストンの旅行記を特徴付けているのは、その分析的で冷静な語り口とともに、実は挿入されている数々の写真である。1900 年にはすでにイーストマンがコダック・ブローニーというブランドの中判カメラを発売し、1888 年のコダック No.1 の発売以来始まった写真の大衆化に拍車をかけた。ロールフィルムは数多くの写真の撮影を可能にし、スナップショットという考え方を生み出したが、実際、ジョンストンの旅行記にはスナップショットのような屋外の道行きの写真がすでにいくつも使われている。探検が写真の併走によって、より身近なものとなったのがこの時期である。

　われわれがその写真を見て気づくのは、確かに粗末な身なりをしていたり汚れていたりするけれども、すでに文明化されている少数民族の姿である。ジョンストンの旅行記は、縄一本の橋を滑車のような仕組みで人が滑って渡っていく、ジョンストン自身が撮影した写真を冒頭に配置して始まっているが、それは決して野蛮な印象ではなく、むしろ冒険的といえる。おそらく写真という近代技術によって可能になった対象の視覚化は、単に対象を捉えるだけでなく、それをわれわれの馴染みのある環境として再編成する技法となっているのだろう。挿入される写真がその冷静な記述と相まって、野蛮さや不穏さを排除しているのである。そのフレームには、あの投げ槍が示した不穏な何かは写らないかのようである。

　雲南に限らず、われわれにあまり馴染みのない地域や人びとを写した写真が、しかしながらわれわれにあるいは情緒的にさえ理解可能なのは、その見え方それ自体がわれわれの馴染みのあるところであることが大きい。フレーム、パースペクティブ、記号、象徴性、物語性など、写真を写真たらしめているそれらの要素は、われわれに馴染みのものであり、それらを通して発見される対象は異質であることを止め、まるでわれわれの知る現実のバリエーションとして映る。確かに異なるもののそれほど異なっては見えないのである。そしてそれは偶然にも写真とほぼ平行して発展してきた社会学においても同様である。概念と記述、そして説明を通して、対象はわれわれにとって理解可能なものとなる。

少なくともそのように現実を編成するのが社会学の一つの姿である。

そのような写真的で社会学的な近代的経験を、もう一度三次元に展開して追体験させるのが今日の観光であることは、すでに観光社会学が論じていることである。その最たるものがテーマパークであろう。そのため、すでに写真で見た民族を再確認する感覚を、われわれは今日、雲南省昆明市にある少数民族のテーマパークである雲南民族村で味わうことが出来る。そこでは25の少数民族が、園内で実際に生活をしつつ、自分たちの民族と文化を演じ、展示している。もちろん、自称の支系などではなく、政府から設定された民族を演じているのである。彼らはカメラを向けるわれわれに笑顔を見せ、少数民族としてのアイデンティティを、踊ったり歌ったりしながら、お定まりのフレームの中に映し出してくれる。そして少数民族のそのような所作はすでに隅々まで徹底している。民族村はもちろんのこと、実際の彼らが居住している村々を訪ねてみても、われわれの姿が見えるなり、彼らは服を着替え、期待通りの民族を演じてくれる。すでに現実がそのように共犯的で協働的な作品なのである。

ではあの不穏な投げ槍は、あのロロとともにすでに山あいの小道に失われてしまったのであろうか。そしてそれはすでにわれわれには見えないのだろうか。実はこのような問いそれ自体が近代的経験からしか始められないわれわれのノスタルジーである。写真のフレームには収まりきらない投げ槍を、しかし今度こそ収めようとしてこれからも彼らにレンズを向けるが、しかしそこには写真の前と後とに分割された現実しかない。失われたのではなく、何かが付け加わったのだという経験は、果たしてわれわれに可能なのだろうか。少数民族らしい少数民族の写真は、われわれに問いかけるのである。

[文献]

Archibald, John (1910) *Across Yunnan: a journey of surprises, including an account of the remarkable French railway line now completed to Yunnan-fu*, Sampson Low & Co.

Hosie, Alexander (1883) *Report on a Journey through Ssŭ-ch'uan, Yünnan and Kuei-chou*, Foreign Office.

Hosie, Alexander (1890) *Three Years in Western China; a narrative of three journeys in Ssŭ-ch'uan, Keui-chow, and Yün-nan*, G. Philip & Son.

Johnston, Reginald Fleming (1908) *From Peking to Mandalay: A Journey from North China to Burma through Tibetan Ssuch'uan and Yunnan*, John Murray.

第4章

小盆地の都市再開発
――新平県県城・夏洒と「文化」の創出

荻野昌弘／村島健司／林梅

　村落の秩序は、全体的社会秩序である。ここでいう「全体的」とは、マルセル・モースが用いていた意味で（Mauss 1950）、経済、政治、文化等の各領域が完全に分化することなく、ひとつの「秩序」のなかに包含されている状態のことを指す。たとえば、前章で取り上げた龍神祭は、単に「宗教的」あるいは「文化的」な現象ではない。龍神祭は、余剰回避の原則の下、供犠を通じて、村落秩序において一時に消費できる限界点を示す。この意味で、龍神祭は、経済的意味も帯びている。つまり、龍神祭は、宗教的かつ経済的、政治的できごとなのである。言いかえれば、全体的秩序のなかで生起するできごとは、特定の領域に還元されえない。
　ところが、学校制度の浸透によって進学率が高まると、若年層は都市に流出し、結果的に農村部の全体的社会秩序は失われる。しかも、それは多くの場合、村人にほとんど認識されない。したがって、ひとたび全体性が失われはじめると、それを抑止することはきわめて難しい。反対に、全体的秩序が解体すると、全体を構成していた要素がそれぞれ自律的になり、「経済」「文化」といった領域が、独立して認識されるようになる。「民族文化」についての議論が誕生するのは、まさにこのときである。しかも、民族文化への関心は、とりわけ都市において高くなる。したがって、都市部も大きな変化を遂げていく。「山上」の竹園村が変容するのと軌を同じくして、「小盆地」の都市も急速に変わっていく。この変化は、民族文化を表象する都市空間の現出として捉えることができる。

1　戞洒とタイ族の民族文化表象

マージナルな存在としての戞洒鎮タイ族

　新平県の代表的な都市は、「小盆地」の新平県城と戞洒であり、いずれも急速に開発が進んでいる。このうち、戞洒は、哀牢山の麓、峡谷を流れる紅河沿いに形成された低地帯にある。いまでこそ、新平県で県城に続く第二の町となっているが、かつては、洪水が多発し、熱帯病が蔓延する非常に危険な地域であり、「瘴気(しょうき)」が漂う場所とされていた。李潤之が支配していた時代には、交易のためにアヘンを含む地域の生産品を扱う市が存在していたが、夏場のあいだ、昆明などからやってきた商人たちは、瘴気を避けるため、取引が終わると、より高地にある漢族の村に滞在した。水害によって、町全体が壊滅したこともあった。

　この過酷な環境に住んできたひとびとがタイ族である。雲南省におけるタイ族は、新平県よりさらに南西、ミャンマーやラオスと国境を接するシプソンパンナーが代表的な居住地として知られる。シプソンパンナーのタイ族は主に支系タイルーに属し、自らの文字を持ち、宗教としては上座部仏教を信仰する（川野 2013：95）。

　一方、新平県のタイ族は、人口約4万人、県内総人口の約16％を占め、約48％を占めるイ族に次ぐ（楊編 2010：91-92）。新平県のタイ族にはタイヤー・タイカー・タイサー・タイジャオザーの四つの支系があり、タイ族のことばで、タイヤー（傣雅）とは「棄てられた者」、タイサー（傣洒）とは「砂上の市場の者」、タイカー（傣卡）とは「漢族からタイ族へと転じた者」[1]を意味する。タイサーの「砂上の市場の者」とは、河岸の地盤がゆるい土地（砂上）に住んでいるひとびとという意味であり、事実、主に紅河の河岸に住んでいたのがタイサーである。元々、劣悪で、危険も多い土地に移動して、住まわざるをえなかったひとびとが、新平ではタイ族と総称されているのである。「棄てられた者」や「漢族から転じた」「他者」であるタイヤーやタイカーも、同様に、何らかの理由で、本来帰属していた集団から逸脱したようなひとびとである可能性が高い。いずれの支系も自らの言語は持つが固有の文字はなく、タイ族としては珍しく、上座部仏教ではなくアニミズム信仰を持つ[2]。その生活は、第1章で言及した、シプソンパンナーのタイ族のムン

連合の伝統とは、大きく異なるのである。

　現在も、戛洒の市場では、竹細工や組紐などの工芸品を路上で売るタイ族の女性が見られる。そこには、イ族のような農耕民とは異なる行商の名残がある。また、イ族のような伝統的舞踊は持たない。イ族のビモのような祭祀を司る宗教的指導者は、タイ族集落では、その存在を確認することはできない。

花腰タイの表象

　新平県のタイ族は、漢族やイ族と比較すると、歴史的に非常に貧しい生活を強いられてきた（李 2008：76）。こうした状況は、2000年代以降に一変する。町を高台に移し、数多くのホテルや娯楽施設が建設され、休日になると、新平県内だけでなく、昆明市をはじめとする雲南省各地から観光客が集まる。これは観光・商業・飲食・娯楽・住居を一体として「民族風情」を取り入れた都市開発が始められた結果である（新平彝族傣族自治県概況編写組 2008：263-264）。

　雲南省の文化産業は2003年時点で全省GDPの4.01％を占めていたが、2004年には同じく4.53％、2005年には5％を超えるなど、年ごとに成長を遂げている。県政府も県の五大産業のひとつである観光業の促進のために積極的に投資を行い、とりわけ2000年以降は、花腰タイ文化の宣伝活動を積極的に推進している。たとえば、花腰タイ国際学術討論会を開催し、国内外の専門家やメディアを招聘して、潜在的観光客を掘り起こそうとした。

　また戛洒において、県政府主導で花腰タイ花街節を開催するため、花街節の企画・運営や商業活動を昆明にある民族文化の観光開発・設計・展示・広報を手がけるイベント企画会社に委託し、このイベント会社を通して花街節が創作されていった。毎年旧暦2月上旬に開催される「花腰花街節」では、街全体が花腰タイ一色に彩られ、大きな賑わいを見せることになる。県政府は、花腰タイ文化を中心とした観光ブランドイメージを確立させていったのである（李 2008：171-172）。

　戛洒鎮中心部から南へ1kmほどのところに建設された花腰タイ大檳榔園も、観光による町おこしの一環として建設された施設である。大檳榔園のなかには、花腰タイ文化生態旅行村があり、テーマパークさながらにタイ族の

生活を見学することができる。その中心には大きな舞台と100名ほどを収容
できるテーブル席があり、タイ族の民族料理を味わいながら、華やかな民
族衣装に身を包んだ花腰タイの歌謡や舞踊を見学することができる。ただし、
この舞踊は、新平のタイ族の伝統に則ったものではない。シプソンパンナー
では、20年以上も前から観光客向けの踊りが盛んであり、これを模倣した
にすぎない。大檳榔園の舞台上で踊られる踊りは、観光客向けに新たに創造
されたものにすぎないのである。イ族やハニ族の舞踊は、集団でひとつの円
を形成し、円の内側を向きながら円周上を移動するように踊り続ける。一方
ここでは、踊り手が、観客のほうを向いて列をなして踊る。それは、あくま
で観光客向けの踊りなのである。

　新平県のすべてのホテルでは、従業員はタイ族の民族衣装を着用しなけれ
ばならない。たとえ彼女たち自身がタイ族でなくとも、花腰タイの表象とし
て着用する必要があるのである。夏洒鎮のタイ族は、県政府の花腰タイ族文
化を前面に押し出す観光政策のなかで新たに生みだされた、花腰タイ族の起
源とするかのような文化に、さほどためらうことなく、同一化していったか
のように見える[3]。

2　県城の都市開発と民族文化

イ族文化と文化的再開発

　次に新平県城について見てみよう。

　前章の最後に見たように、若年層を中心に、農村から県城に流入する人
口が急速に増加している。これに伴い、県政府は、2011年3月に行政区の
改編を行い、桂山鎮を桂山街道と古城街道の二つに分割した[4]。桂山街道は、
県城の東北部に位置し、古くからの市の中心部である五桂、風凰、青龍、太
平、亜尼の五つの社区で構成され、現在は、「老街」と呼ばれている。人口
は34,309人で、農業人口はわずか2.2％、少数民族人口は43％を占めている。
「老街」の南部に、5.3億元を投じて県政府が開発したのが、古城街道沿いに
設置された古城、納渓、昌源、他拉、錦秀の五つの社区である。古城街道の
人口は18,070人であり、そのうち農業人口は53％、少数民族人口は63.7％
に上り、その多くをイ族が占めている[5]。行政区改編の結果、2010年末の時

点で 42,963 人であった人口は、2012 年末には二つの街道を合わせて 52,379 人に増え、一方で農業人口は、2010 年の 46％から 2012 年には 40％に減っている。県城周辺に散在していたイ族などが、近年の開発によって県城内へと移り住んでいるのである。

　県城における都市化は、単なるインフラ整備にはとどまらない。そこでは、まさに文化的再開発と呼べるような民族文化表象と都市再開発の一体化が観察できるからである。それは新たな都市のシンボルの構築であり、そのために象徴的意味を持つ建造物が建設されている。そして、その際に積極的に援用されるのが、民族文化の表象である。

　それは、まず新たな県城の中心である民族広場にみることができる。ここは、1945 年、李潤之が抗日戦争勝利の記念碑を建てた場所だが、広場が建設される以前には、共産党政府が設立した文化会館と唯一の憩いの場だった茶館を除けば、そのほとんどが農地や空き地だった（新平彝族傣族自治県概況編写組 2008：39）。茶館を経営していたのは地元の商人である李子清で、茶館の前に芝居ができるスペースが設けられ、板凳劇[6]が演じられていた。

　民族文化広場は、敷地面積が 13 万 m² (2008 年時点) もあり（楊編 2010：72）、現在も拡張工事が続いている。広場には、体育館、五彩雲楼と呼ばれる三重塔、山水を演出する人口滝、広場の中心である噴水があるが、特に注目すべきは、県城のシンボルである彫像と、12 の県内の行政区域の特徴を表現した 12 本の柱である。

　彫像は、銅で鋳造したイ族男性とタイ族女性の像を大理石の台座に固定したものである。イ族の若者は、大自然のなかで民族楽器を弾きながらイ族の人々の暮らしを歌い、タイ族の少女は肩に魚かごを担いでイ族の若者が弾いている楽器の旋律に耳を傾けている。この豊かな未来を憧憬するイ族とタイ族の若者の像は、新平に居住している八つの民族の団結と調和を表しているという（楊編 2010：72）。

　また、直径 1.5 m で高さ 9 m の青石材でつくられた 12 本の円柱の上部には、イ族文化の象徴とされる 4 頭の虎が東西南北に向かって施されている。各柱はそれぞれ 12 の郷と鎮を意味し、各行政区域の自然地理、風土文化の特徴が彫刻されている。この 12 本の柱が取り囲む空間が広場の中心となっており、主な集会や祭りが行われる。また、それだけでなく、毎日夕方になると

中央の噴水を囲んで、多くのひとびとが踊りを楽しんでおり、その年齢層はこどもから高齢者まで幅広い。

広場の前を通る大通り新平大道は、昆明までつながっており、1997年から2010年にかけて整備された。大通りの両側には木や花が植えられた小規模の公園がいくつも設置され、緑地化された都市を意味する「生態園林都市」としての新平の象徴となっている。ここで注目すべきは、大道の両側には一定の間隔をおいて、60基以上もの石碑が置かれており、イ族の経典であるビモの経典から抜粋された「教え」が、イ族の文字と漢語訳で記されている点である。イ族のほかに漢族、回族、タイ族が混在している町であるにもかかわらず、イ族のビモの経典を石碑に記し、大道沿いに一定間隔で並べているのである。

また、老街の南部が開発された結果、かつては県城のはずれに位置していた平甸河が、現在では県城の中心となっている。その両岸には2,102個の大理石の石版が設置されており、全長4,850mのイ文長廊がある。石版には、イ族文化が紹介されており、各支系の紹介および民族風情、神話伝説、人物古典、天文地理、服飾飲食、生産労働を描いている。そのほか、新平イ族の繁栄と文化景観、イ族文字の起源およびその発展の歴史を紹介している。この長廊も、文化的再開発の一環として捉えることができる。長廊の文化的価値を権威付けするかのように、2010年、中国世界記録協会は、長廊を『世界で最も長い彝族浮彫文化長廊』に認定している。

文化広場や、新平大道、イ文長廊が示しているように、県城では、イ族文化による都市再開発が積極的に推進されている[7]。これは、新平県がイ族タイ族自治県であることに起因している。自治県内では、イ族が多数派なのである。しかし、それは、村落の全体的秩序とはかけ離れた、開発を演出するための「文化」表象にすぎない。新平県が推進する文化的再開発は、観光資源としての利用をも視野に入れた再開発のなかで構築されたものにすぎないのである。

3　ダム建設に伴う移住——あるハニ族村落の事例から

ハニ族の移住

　進学などの理由で自発的に農村部から離れ、都市に住む者がいる一方で、1980年代以降に国家プロジェクトとして山間部にダムが建設されることになり、建設予定地の住民は、洒戛、楊武などの河谷地域へ移住することを余儀なくされている。

　たとえば、漠沙付近の山間部に、300以上の家族からなる、ハニ族の大きな村落があった[8]。ところが、村はダム建設予定地となり、村人全員がともに移住できるような土地がなかったため、村人は九つの小集団に分割され、移住が進められることになった。移住先はくじで決められ、他の集団は漠沙付近の山上や中腹部に移住することになったが、ひとつの集団だけは、村から遠く離れた戛洒付近の河谷小盆地地区（海抜約660 m）に移住することになり、そこに新たな村を建設することになった（これをA村と呼ぶことにする）。

　1986年から段階的に移住が始まり、10年後の96年にようやく全集団の移住が完了した。移住に10年もの時を要したのは、補償金や移住予定地の斡旋など、政府の財政上の問題に起因する。A村への移住は1990年に実施され、移住の対象となった37世帯のうち、33世帯が現在のA村の土地へと移住することになった[9]。現在A村の人口は132名で、周辺の七つの村落とともに、行政村であるB村民委員会を形成している。

　移住に際して、政府から800元の補償金が支払われた。しかし、それは引越し費用で使い終わる程度の額であり、家屋を建てるためには少なくとも10万元の費用が必要であった。そのため、多くの村民が借金することを余儀なくされた。借り入れについては、政府から3年の期限で5万元が無利子で貸し出されたが、それだけでは十分ではなく、多くの村民は有利子のローンを組まざるをえなかった。現在、政府からは移住に対する補償金として、1人あたり毎月50元が支払われているが、これは移住から15年以上が経過した2006年にようやく始められたものであり、2026年までの20年間の期限付きとなっている。また、2006年以降に生まれた者はその対象ではない。

　補償金の他に、元の村落における農地の権利を手放す代わりに、移住先では、村の近くに耕作用の新しい土地が政府から提供された。提供される土地

の大きさは、移住時の世帯人数に応じて決定され、各家族に配分された。しかし、移住後に結婚や出産などで家族が増えたとしても、新たな土地が割り当てられるわけではなかった。移住民は十分な耕地を持つことができず、近隣の主にタイ族が所有する土地で小作として働いたり、町へ出て職を見つけたりしなければならなかった。その結果、若者の多くが村に留まることができず、新平県城や昆明などの都市へと出て、働かざるをえない。

移住による産業構造の変容

　新平県のハニ族は1万人あまりで、これは総人口の4％程度に相当する。ハニ族は、イ族と同様に「山上人」と呼ばれ、棚田に代表されるように山間部を主な居住地としてきた少数民族であり[10]、新平県においても、従来は主に平掌、建興、漠沙などの山間部に居住していた。小盆地のA村に移住した結果、ひとびとの生業も大きく変化した。移住前の村落は山間地のため換金用作物の栽培には適さず、主に穀物の栽培や家畜の管理などにより、自給自足に近い生活を送っていた。ところが、移住後は主にサトウキビ栽培が耕作の中心となっている。改革開放後の1980年代以降、新平県では国家的なプロジェクトによりサトウキビの大規模栽培が進められており、標高の低い戛洒鎮小盆地地区は、いち早くサトウキビ栽培が始まっていたのである。

　その結果、収入は移住後大きく増加した。収穫されたサトウキビを1畝あたり500元の価格で、製糖工場が継続的に買い取ってくれるからである。一方で、移住当初は穀物の栽培も行っていたが、稲作よりもサトウキビの方が安定して高収入を得ることができるため、しばらくしてサトウキビの耕作に特化すようになった。現在では生活のための食糧は戛洒をはじめとする近隣の市場で購入している。自給自足を基本とした村の生活は、サトウキビ栽培に支えられるようになり、市場経済の中に組み込まれたのである。

　1979年生まれの現在の組長[11]に、移住後、くらし向きは良くなったか問うと、即座に「良くなった」との返答があった。実際、2013年における現在の村民1人あたりの毎月の純収入は8,165元にまで上昇し、ある農業を営む30代夫婦は、年間の世帯収入が20万元強であると答えている。かつて、移住の際に10万元の家屋を建てることに苦労していた村の姿はすでにない。

　一方で、県城の病院から村へと戻ってきたばかりの93歳（2014年8月の調

査時）の老人は、村での生活を振り返り以下のように語る。

> 息子が新平県城の人民病院で医者として働いているから、町の病院に入院したが、村へ帰ってきた。なぜなら、町では死にたくないから。ここで死にたい。町で死ぬと儀式がすべて簡単なもので済まされてしまう。村で死んで、複雑で伝統的な儀式にのっとり葬儀をあげてもらうことを望んでいる。

かつての村落は村落自体の規模も大きく、また周辺にも同様のハニ族村落が存在したために、共同で伝統的な儀式を執り行うことが可能であった。そこでは、イ族のビモに相当するバーマと呼ばれる宗教的儀式を司る者がおり、龍樹のような神の宿る自然があった。そのため、村人が亡くなると伝統的な葬儀で盛大に死者を慰霊することが可能であった。若い組長もそれに同意するが、一方でその限界についても認識している。

> 元々の村落である300ほどの家族との関係は継続している。特に、老人が亡くなったときや、婚礼などの祭りには共に集まる。しかし、移住後は人口が少なくなったので、習慣に大きな変化がある。昔は、周囲にも多くのハニ族村落があったので、伝統的儀式を行うことが可能であったかもしれないが、今は難しい。

A村の人口は極めて少なく、複雑な儀式を取り仕切るバーマにあたる人物がひとりも存在しない。さらに、周囲にもハニ族村落がなく、日常的にハニ族と接する機会も少ない。戛洒鎮小盆地に移住したハニ族のひとびとは、もはやかつての村の全体的社会秩序を取り戻すことはできない。山上のハニ族と小盆地のハニ族ではまったく、生活様式が異なってしまったのである。

また、特に組長が現実的に直面していると認識しているのが言語の問題である。A村周辺の戛洒鎮小盆地地区は、そもそもタイ族の村々からなる地域である。現在もA村とともに行政村であるB村民委員会を構成する他の7村落は、すべてタイ族住民が中心の村である。近隣の小学校もタイ族の子どもが中心であるため、その母語であるタイ語が多く話されており、現在では

ハニ族住民の子どもたちの多くが、ハニ語を話すことができない。逆に、生活のために子どもたちの多くは、タイ語を話すことができる。

ハニ族は、新平では少数派である。イ族やタイ族が都市に民族を表象する空間を作っているのに対して、ハニ族は、そうした場所を持たない。ハニ語を話さず、タイ語を話すハニ族の子どもたちにとって、ハニとは両親や祖先の出身民族であるという認識しかもちえないであろう。「民族」や「支系」は、かつての山上の生活を知らない子どもにとっては、さほど重要な意味を持つカテゴリーではなくなっているのかもしれない。

4　文化の誕生と全体性の終焉

身体性の消滅

歴史学や社会学には、「伝統創造（Invention of Tradition）」や、「再帰的近代化（Reflexive Modernization）」のような概念があり、これらは、一見伝統的にみえるものにも、近代社会において創造／捏造されたものがあり、それはナショナリズムと結びついている点や、仮に伝統があるにせよ、伝統そのものの必要性について常に問われるため、伝統も変容していく点を指摘する。

しかし、これらの議論は、なぜ伝統が創造されなければならないのかについては、説明していない。伝統や、より包括的な文化のような概念は、全体的社会秩序が失われると同時に誕生する。県城のイ族文化表象に典型的に表れているように、それは文化遺産なのであり、全体性のなかに組み込まれた「生」そのものではない。民族文化表象を通じた都市再開発が、農村内部ではなく、まさに県城などの中心的都市で進むのは、全体性を宿していた村落秩序の回復がねらいなのではなく、「民族」への同一性を認識できる装置を構築するためである。民族のほかに支系があり、支系にも自称と他称があるなど、雲南省の諸「民族」同一性は、本来けっして明確なものではなかった。そして、あえてそれを明確にすることをしなかった。しかし、資本主義経済が浸透するなかで、民族識別工作に基づいた多民族国家の枠組みのなかで、いかに社会秩序を安定させるかという課題に応えるための一方策として、民族文化表象が積極的に行われるようになったのである。一方で、ハニ族のような新平県の「少数民族」には、自民族への同一性を保証する回路は構築

されていない。

　ところで、県城の公園などで、昼間からイ族の年寄りたちが、かつて村祭りで踊っていたように、自分たちの踊りを踊っている光景をみかける。祭りという制度のなかではないので、民族衣装を着ているわけではない。また、本来、踊りを指揮して、楽器を演奏するビモなどの存在もない。しかし、その身体的な動きは、竹園村の祭りで踊っていた村人とまさに同じものである。竹園村での祭りの規模は縮小しているが、踊る身体は健在であり、しかも祭りと異なり、毎日踊りは続く。単に「暇つぶし」のために踊っているように見えるが、このなかにこそ、掬いとることが難しい「全体性」の残り香が存在しているのではないか。それは、何か人間存在を支える核となるもののように思われる。

　おそらくは、この個的な身体こそが、全体的社会秩序を支えていた。一方で、新平県城のさまざまな民族文化表象は、一見民族文化を讃えているように見えるが、身体の直接的躍動はもはや消滅している。代わりに、さまざまなモノの媒介によって、「民族」や「文化」が表象されているにすぎない。ここに見られる変化は根本的なものである。かつて身体の躍動が生み出していた多義性は消滅し、一義的に民族が規定される。「民族楽器を弾きながらイ族の人々の暮らしを歌う若者」の彫像と、実際に村祭りで歌っていた若者たちのあいだには懸隔があるのである。

［注］
1　「カー（卡）」とはタイ族のことばで「他者」を意味する。すなわち、「タイカー」とはタイ族ではない者という意味である。
2　一説には、婚姻概念も特徴的で、古くから開放的な恋愛感を有し、自由恋愛であり、婚姻に関するタブーもないという。また飲食文化において、「世の中の動く物は肉であり、緑の物は野菜である」との考えのもと、自然の生物すべてを豊かな食物であると認識している。そのほか入れ墨やお歯黒、陶器制作などの習俗を持っていたという（楊編　2010：52-53）。
3　これに加え、耕作可能な土地が乏しく、そのため依存せざるをえなかった工芸を、ときには国際機関の支援を得て積極的に商品化することができたこともあり、その生活水準は、以前に比べ向上したことはたしかである。

4 2013年1月13日『新平彝族傣族自治県第16回人民代表大会第1次会議』における県長の「政府工作報告」より。
5 新平県政府ホームページ（http://cache.baiducontent.com）の「郷鎮概況」より。
6 板凳劇とは、地域ごとに特徴を持っている芝居の一種で、民間レベルで人びとが自らつくり、演奏し、歌いながら演じるものである。人びとは広場に集まり、そこに板凳という木製で背もたれのない、横長い腰掛け椅子をいくつか置いて、楽器を弾く者や歌い手が輪をつくり、芝居を行うことから板凳劇と呼ばれている。
7 県城内に新しく開発された空間におけるイ族文化の前景化に対して、旧市街「老街」の文化的再開発に関しては、コラムを参照。
8 漠沙の位置する山上地域は、新平県のそのほかの地域と同様、1949年以前は当地の政治や経済の中心地であった。ところが、1949年以降は、低地である河谷小盆地地域の開発が国家レベルで進められることにより、山上と河谷小盆地地区の立場が逆転し、山上は相対的に不便で貧しい地域となってしまったのである。ダム建設とそれに伴う住民の移住はこのような背景のもと進められた。以上の経緯については第2章参照のこと。
9 残りの4世帯は、親類を頼りに夏洒中心部や新平県城へと移住した。
10 棚田は、今日ではハニ族を代表する文化として表象されている。しかし孫によると、それは民族識別工作以降の民族文化復興の過程において、民族の下位に存在する支系の多様性を無視するかたちで、ハニ族を代表する独特な文化、すなわちエスニック・シンボルとして創り出されたものにすぎない（孫 2010）。
11 村長に相当する。

[文献]
川野明正（2013）『雲南の歴史——アジア十字路に交錯する多民族世界』白帝社。
李永祥（2008）『国家権力与民族地区可持続発展——雲南哀牢山区環境、発展与政策的人類学考察』中国書籍出版社。
林梅（2013）「観光開発をめぐる歴史的文化遺産の真正性——中国雲南省新平イ族タイ族自治県夏洒鎮を事例に」山口覚ほか編『フィールドは問う——越境するアジア』関西学院大学出版会、59-83頁。
Mauss, M. (1950) *Sociologie et anthropologie*, Paris : P.U.F.（有地亨他訳 1973、1976）『社会学と人類学1・2』弘文堂）。
新平彝族傣族自治県地方誌編纂委員会編（2012）『新平年鑑』、徳宏民族出版社。
新平彝族傣族自治県概況編写組編（2008）『新平彝族傣族自治県概況』民族出版社。
孫潔（2010）「雲南省における棚田とハニ族のエスニシティ」『東北アジア研究』14：123-145頁。
楊承潭編（2010）『導游新平』新平哀牢山有限公司。

column 2

新平県城老街

西村正男

1. 新平県城と土司の邸宅

　中国の伝統的な都市は城壁に囲まれていた。一般的に日本の郡ほどの大きさに相当する「県」の中心に築かれた、城壁に囲まれた都市が県城である。新平県城の、現在「老街」すなわち旧市街地と呼ばれる地域は、明代の万暦年間（1573-1620）に建造された県城がその起源となっている。かつて大城と呼ばれたこの県城は東西南北の4カ所に城門を有していた。清代にはさらに南方に城壁が増設され、それを小城（あるいはその形から、葫蘆（瓢箪）城）と呼んだ。その後城壁は取り壊されているが、この古い城内の地区は中華民国期には平山鎮と呼ばれ、人民共和国になってからは城関鎮を経て、現在では桂山鎮と呼ばれている[1]。そもそも現在のイ族の元となる民族集団の土地であったこの場所に、万暦年間に新平県がおかれ県城が作られたのは、明の将軍鄧子龍がイ族の蜂起を平定したことによるものであり[2]、この地は県の政治的中心となり、官＝漢族

図1　李潤之旧居

文化によって支配される場所となっていた。

清代に拡張された部分を南北に走る「中街」。その中ほど、道路の西側に、かつての土司である李潤之の屋敷がある（図1）。土司とは、中国の王朝が西南の少数民族地域を支配する際に少数民族の土豪に官職を授けて間接支配させ

図2 「富昌隆」プレート

たものだが、辺境の防衛で功成り名を遂げた明の軍帥の末裔・李毓芳が清の乾隆帝に認められ、李氏一族が土司に任じられることとなったため、珍しい漢人の土司が誕生したという[3]。土司府は新平県の西端に近い哀牢山中にあり、新平県外にも跨る勢力圏を保持していたが、県の政治的中心である県城にも邸宅を構えていたわけである。三階建のこの屋敷は、当時この県城内で際立って豪華な建物であっただろう。「富昌隆」がその商号であり、2005年に県政府より文物保護単位に指定されている（図2）。だが興味深いのは、現在の所有者はそれに先んじる2000年に26万元で購入し、さらに35万元をかけて改装したという点である[4]。このような文化財が消費の対象とされるようになっている現状は興味深い。所有者は、購入後に発見された書画なども積極的に保存し、また屋内に展示をしている。（イ族文化が政府によって顕彰される一方、）かつての県城を支配していた漢族文化はこのように民間人によっても保護されているのである。

城内には、他にも民国期の最後の県長だった王氏の屋敷である文明街王氏民居（県の文物保護単位）、富春街9号民居（県の文物保護単位）、富春街民居（ワンランク上の玉渓市の文物保護単位）、順城街民居（県の文物保護単位、現新平県文物管理所）などが新平県や玉渓市により保護されており、かつての県城の繁栄ぶりを今日に伝えている。

2．清真寺と回族

城内は漢族文化が支配的だったと述べたが、実は漢族とは異なる宗教を信仰する集団が古くから存在していた。イスラームを信仰する彼らは、ムスリム移

民や漢族の改宗者によって形成された集団の子孫であり、漢族との通婚などを通じて極めて漢族と近い文化を有しつつも、独自の宗教や食事などの習慣を有していた。中華民国期には回民と呼ばれた彼らが「回族」という民族概念へと整理されることになるのは、中華人民共和国成立後の民族識別工作の結果である[5]。

　さて、新平に回民がやって来たのは明代の洪武年間にあたる1368年のことだとされるが、万暦年間に新平県が置かれ県城が建設されると、大量の回民が県城に定住したという。彼らの礼拝の場である清真寺（魯賢街2号、城内の東部）が建設されたのも万暦年間の1591年のことであり、県城建設から間を置かずに建設されたことが窺える。この清真寺は新平県に現存する唯一の明代建築だとされている（図3）。清代に至り、回民の集会が制限され、清真寺も荒れ果てた時期もあったようだが、清末になると復興していく。特筆すべきは、この寺院には西太后と光緒帝の筆による扁額が飾られていることである（図4）。民国期に入り、1913年には回民のための小学校が設けられたこともあったという。その後、人民共和国建国後は、文化大革命中など宗教活動が行われなかった時期もあったようだが、建物は保存されてきた。2001年には新平県、さらには玉渓市の文物保護単位に認定され、2010年には文物保護のため清真寺の規模を元の二倍近くまで拡大した。現在ではイスラームに則った礼拝が定刻に行わ

図3　清真寺

れる姿を目にすることができる[6]。このようにみると、回族文化も県城において無視することのできない位置を占めていたといえるだろう。

現在でも、この清真寺からさほど遠くない、県城の旧東門外付近に数戸

図4　清真寺の扁額

の回族の住戸が確認でき、近くにはムスリム用の食料品店なども散見される。住人の一人に話を聞いたところ、彼らの話す言語は漢民族と変わらない中国語(雲南方言)である、とのことであった。現在では城内にも、イ族やタイ族の住民も少なくないようであるが、かつての県城は漢族文化と、言語の上では共通性を持ちながらも宗教と習慣が異なる回民文化によって構成されていたことは確認しておきたい。その一方で、県城の南側に新たに開発された地域では、イ族文化を前面に打ち出した都市建設が行われており、県城の漢族・回族の文化遺産と好対照をなしているのである。

[注]
1 以上、新平県城の歴史については楊承潭編著『導游新平』新平哀牢山旅游開発有限公司、2010年第三版、75-76頁参照。
2 楊承潭編著『導游新平』71頁。
3 楊承潭編著『導游新平』16頁。
4 2013年8月26日のインタビューによる。
5 中国ムスリム研究会編『中国のムスリムを知るための60章』明石書店、2012年、21・36-40頁。
6 以上、楊承潭編著『導游新平』78-79頁、および2013年8月、2014年3月の二度の調査、清真寺の前に掲げられた説明板の紹介などによる。2014年3月の調査では、礼拝の様子も見学することができた。

第5章

中国の民族、エスニック・グループと民族識別

李永祥 / 翻訳：宮脇千絵

1 エスニック・グループ、民族とエスニシティ

　エスニック・グループとは西洋の社会科学研究における民族関係とアイデンティティに関する基礎的な用語であり、同一の血縁と同一の文化的特徴——例えば言語、飲食、服飾や習俗などを共有する人びとの集団を指す。このような血縁や文化的特徴は、他のエスニック・グループを区別する機能を持つ（Harrell 1996）。同じエスニック・グループに属する人びとは、同じ社会文化のなかで生活し、世代を越えて継承される、ある意味不変の文化を共に享受している（Keyes 1996）。バース（Barth 1969）は、エスニシティと文化の関係を特に仔細に検討している。彼は、エスニック・グループの文化的意義には二つの要素があるとする。第一に、明確なる記号性と標識である。これは、例えば服飾、言語、建造物、生活様式といったような、表層的に識別されうる特徴によってエスニシティが明示されることを指す。第二に、人間の行為を判断する際の道徳基準といった、根本的な価値評価である。この道徳基準は自己同定だけでなく他者同定をも可能にする。ただし、それが明確に表すところの文化的意義は、人びとのエスニック・グループへの帰属とアイデンティティを決定することにある。バースの論考が示すのは、エスニック・グループの文化的意義のうち可視的かつ表層的な第一の要素と、深層的な第二の要素とに区別されるものは、判断し、判断される際の価値基準になるという点である。二つの異なる社会集団が相互に交わる時、第一の特徴によっ

て彼らを識別することは容易である。しかしながら、その識別が深層的な価値体系に及ぶ時には、第二の要素を通じてのみそれが表現される。バースとは異なり、スパイサー（Spicer 1971）はエスニック・グループの研究において、エスニシティとは三つの要素から構成される一つのアイデンティティの体系だとする。三つの要素とは言語の交流、道徳価値の共有、グループ内の政策目標と政治組織の実現である。これら三つの要素がグループの構成員全体に隈なく共有されなければ、アイデンティティ体系は成立しないという。スパイサーの主張で重要なのは、彼が政治的な要素について考慮している点で、リーチ（Leach 1954）の認識と同様に、エスニシティとは権力が拮抗するなかに形成されるのだと指摘する。

　民族（nation）は想像の政治的共同体（imagined political community）であり、それは本来的に限定された主権的（limited and sovereign）なものとして想像される。それが想像されたものだというのは、いかに小さな国家の成員であっても、自身の追随者を知ることも、会うことも、聞くこともできないにも関わらず、それでもなお、成員一人一人の心のなかに想像された集団が存在するからである（Anderson 1991）。スターリンは「民族とは、歴史的に形成された共通の言語、共通の地域、共通の経済生活を持ち、共通の文化において表現される共通する心理素質を持った、人びとの堅固な共同体である」という（中共中央馬克思恩格斯著作編譯局 1953）。彼は、上述した特徴のいずれかのみで作り出される民族の定義では不十分だとする。例えばこれらの特徴のうち一つでも欠ければ、民族はその民族として成立しないのだ。しかしながら、異なる地域では民族定義の解釈もまた異なる。西洋の人類学者は中国民族という言葉に対し、「nation」という単語ではなく、「minzu」を直接的に使用することで、民族という概念の政治的意義、経済的意義を示している。

　エスニック・グループと民族は区別されながらも相互に関連する概念である。アメリカの人類学者ステヴァン・ハレル（Stevan Harrell）は西洋の言語における「エスニック・グループ」と中国語における「minzu」を次のように区別している。

第5章　中国の民族、エスニック・グループと民族識別

Ethnic group	Minzu
エスニック・グループ	民族
西欧／北米の概念	中国／ロシアの概念
地方言語環境	国家言語環境
一般人	エリート
主位	客位
主体性	客体性
流動性	固定性

　ハレルによると、中国の地方のエスニック・グループが意味するのは往々にして独自の地方制度を持ち、特定の環境で生活する支系（サブ・エスニック・グループ）である。つまり、同一民族内の支系は、それぞれ異なる社会制度をもち、異なる環境のなかに生活しているのである。それゆえ、エスニック・グループ、その隣人、国家という三者がある集団の帰属を判断する際に、統一見解のみならず論争が生まれるのは、それがある地方のある民族の支系を指しているためである。現実のエスニック・グループは、政治や経済に基づいた集合体として形成されるため、その範囲は内部における系譜の共有や文化の享受といった根拠からのみ決定されるのではなく、外部や他のエスニック・グループ、国家との関係に依るところが大きい（郝 2000）。言い換えると、エスニック・グループとは民族の支系であり、民族とは国家という文脈における政治や経済の共同体なのである。
　しかし強調すべきことは、一つの国家は通常、多数の民族から構成されていることで、今日のグローバル化時代ではなおさら単一民族で構成されているような国家はほとんど存在しない。国家の安定のために多様な民族文化の背景にあるグループ間関係がとりわけ重要になり、国家はそれぞれの方法でこれらの関係に対処しながら、共同的な発展や繁栄、平和の達成を試みている。例えば、中国、アメリカ、タイ、インドネシア、ベトナムなどのように、一つの主要民族と少数民族から構成される国の場合、社会の調和を達成するためには、国家による主要民族と少数民族の関係への配慮が不可欠である。
　エスニシティは英語では伝統文化を共有する社会集団を指す。人類学においてエスニシティとは、同一の社会で同一の文化を共有すること、特に同一の言語を持つ人々を指す（Keyes 1996）。言い換えると、エスニシティとは

人類の集団間にある本質的な区別なのである。エリクセン（Eriksen 1993）は、エスニシティとは社会的アイデンティティであり、ある社会集団が別の集団と（顔と顔を突き合わせて）交流する際に、自らの集団と別の集団とを明確に区別する文化的特徴がある、と認識することだとする。しかし日常的な交流において異なる文化的特徴によってエスニック・グループが区別される際には、社会的な交流関係に民族の意義がいきわたる。

　今日の研究状況を鑑みると、エスニシティとは同一の歴史と文化、特に言語を共有していることだという主張が、次第に人びとの共有見解となってきている。特にハレルは、中国西南のイ族（彝族）およびその他の少数民族に関するこの数年の研究を通じて、国家のエスニシティに対する重要な役割を強調している。私は、国家がエスニシティに対して果たす役割は、決して一様ではないと考えている。

　エスニシティと国家の関係は、例えば同じエスニック・グループ内においてもそうであるように、特に中国のような多民族国家では複雑である。ハレル（Harrell 1998 & 2000）は中国の「民族」と西洋のエスニック・グループの意味の相違点を示している。アメリカのタイ学研究者であるキイス（Keyes 1976）も西洋のエスニック・グループとタイのそれの不一致から、同様のことを指摘している。その理由を彼は、タイ語にエスニック・グループの対義語が確認できず、それら二つの言葉の意味が一致しないためだと説明する。一般的な状況においては、エスニシティは人類の集団の区別、すなわちグループ内部者と外部者、「我々」と「彼ら」の区別として現れてくる。エスニシティの問題は個人がいかに特殊な集団の一員となるのかを考察することも可能にする。エスニシティとは民族関係であるが、このような関係は突発的に現れてくるのではなく、往来関係や文化的特徴に基づいて現れてくるものである。人がいかに自らの民族にアイデンティティを持つのかは、（異なる民族という）他者の排他性と（同じエスニック・グループにおける）内部の一致性という特性によって決定づけられるのである。

2　中国の民族識別

　民族識別工作は新中国建国後の一大民族事業である。民族識別とは自称、

第 5 章　中国の民族、エスニック・グループと民族識別

歴史、居住地域、風俗習慣、言語文字、自己意識などに基づき、「民族要素」や「民族名称」を分析にかけ、少数民族であるかどうか、あるいはどの少数民族に帰属するかを確定することである（秦 2013）。中国には二つの民族識別が存在する。すなわち古代の民族識別と現代の民族識別である。古代民族識別とはいくつかの王朝が中国内で実施した民族識別であり、それらの王朝は周辺の少数民族に対して比較的詳細な記録を残している。例えば、雲南省内の東爨、西爨、烏蛮、白蛮、羅羅などは現在のイ族（彝族）、ペー族（白族）に当たる呼称である。これらは比較的単純な識別だが、そこには古代民族識別の構成要素があったと推察される。民国時期には様々な要因によって民族識別はおこなわれなかったものの、孫文が「五族（漢、満、蒙、回、藏）」の概念を出したことからも分かるように、民族識別の発想は存在していた。

　中国民族識別の理念の基礎はスターリンの民族定義、つまり共通の言語、共通の地域、共通の経済生活および共通の文化に現れる共通の心理的素質という四つの共通性に基づいている。もちろん、民族の基本的定義を把握するだけでなく、「各民族の長期的な社会発展状況、民族地区の歴史的な民族の出処、民族関係が現在の民族の繁栄発展へ及ぼす影響、民族団結の強化などの要素を総合的に研究し、史料、伝説や各種関係資料を充分に利用し、民族識別工作のために科学的かつ客観的な根拠を提供する」必要もあった（林 1984）。このような民族識別の理念は中国でも使用可能だが、それをそのまま援用するのではなく、またソ連のモデルを模倣するのでもなく、中国の実状に合わせながら、調整し応用されてきた（王 2010）。民族識別では主に、各民族の名称と歴史的な根源、各民族の意思という（李 1998）二つの原則を重視している。

　民族識別は 1953 年に始まった。当時は 400 以上の少数民族が中央へ報告された。そのうち雲南で 260 以上、貴州で 80 以上と、雲南と貴州だけでも民族数は 340 以上にのぼり、全国から自己申請された民族数の 74％を占めた（秦 2013）。1954 年に 38 の民族が識別された。1955 年から 1964 年には、さらに 15 の民族が識別された。この後、1965 年から 1989 年には 2 民族のみが識別され、漢族を加えて、合計 56 民族となった。

　黄光学、施聯朱などは、中国の民族識別を以下のように四段階に分けている（黄・施 2005）。

109

第一段階——民族識別の発端段階（新中国建立から 1954 年）。1950 年から 1952 年にかけて、中央は西南、西北、中南、東北と内モンゴルへ民族訪問団を派遣し、少数民族地区での慰問と民族政策の宣伝をおこない、はじめて民族識別の問題へと接した。1952 年から 1953 年にかけて、雲南、貴州、広西、広東、湖南、甘粛、青海、福建の各省において申請された民族名称に基づいて調査研究活動を実施、1953 年に中央中南局と中南行政委員会、中央民族委員会などの部門が民族学者を民族地区に派遣して調査研究をおこなった。シェ族（畲族）、ダウール族（達斡尔族）に対して調査と確認をおこない、新疆の「帰化族」の正式名称をオロス族（俄羅斯族）とし、新疆の「タラス族（塔蘭其族）」をウイグル族（維吾爾族）の一部とした。このように、1953 年から全国で進められた第一回人口調査においては、各省から申請のあった 400 以上の民族名称が、中央による 1954 年の識別と統合を経て、38 の少数民族として確定された。それは、モンゴル族（蒙古族）、回族、チベット族（藏族）、ウイグル族（維吾爾族）、ミャオ族（苗族）、ヤオ族（瑶族）、イ族（彞族）、朝鮮族、満州族（満族）、リー族（黎族）、高山族、チワン族（壮族）、プイ族（布依族）、トン族（侗族）、ペー族（白族）、カザフ族（哈薩克族）、ハニ族（哈尼族）、タイ族（傣族）、リス族（傈僳族）、ワ族（佤族）、ドンシャン族（東郷族）、ナシ族（納西族）、ラフ族（拉祜族）、スイ族（水族）、チンポー族（景頗族）、キルギス族（柯尔克孜族）、トゥ族（土族）、タジク族（塔吉克族）、ウズベク族（烏孜別克族）、タタール族（塔塔尔族）、エヴェンキ族（鄂温克族）、パオアン族（保安族）、チャン族（羌族）、サラール族（撒拉族）、オロス族（俄羅斯族）、シベ族（錫伯族）、ユグル族（裕固族）、オロチョン族（鄂倫春族）である。この合計 38 の少数民族が第一段階の民族識別において確立したもので、数の上でもこの段階が最多である。

　第二段階——民族識別の高潮段階（1954 年から 1964 年）。民族識別工作は継続して実施された。1954 年から中央民族委員会は工作組を雲南、貴州、湖南、広東の各省へ派遣し民族調査と識別工作をおこなった。雲南民族識別調査組の任務は非常に困難であった。なぜなら全国から自己申請された 400 以上の民族名称のうち、260 以上が雲南からだったからだ。専門家は土家、倮、水田、支里、子彞、黎明、他谷、納査、六得、他魯、水彞、伮里、密岔、羅武、阿車、山蘇、車蘇などと自称する人々をイ族の支系とした。儂人、沙人、

第 5 章　中国の民族、エスニック・グループと民族識別

天保、黒衣、隆安、土佬などはチワン族の支系となった。糯比、梭比、卡都、碧約などはハニ族の支系となった。貴州、湖南、広東でも状況は似ていたが、活動は順調に進展した。1964 年の全国第二回人口補充で 183 種類の民族名称が登記され、ここから調査と識別工作を経て、15 の新しい少数民族が確定した。それは、トゥチャ族（土家族）、シェ族（畲族）、ダウール族（達斡尔族）、コーラオ族（仡佬族）、プーラン族（布朗族）、アチャン族（阿昌族）、プミ族（普米族）、ヌー族（怒族）、パラウン族（崩龍族）（のちにドアン族（德昂族）と改める）、ジン族（京族）、トーロン族（独龍族）、ホジェン族（赫哲族）、メンパ族（門巴族）、マオナン族（毛南族）などである。74 の異なる名称を持つグループが 53 の少数民族へと統合された。この段階を経て、識別を待つグループはわずかとなった。

　第三段階――民族識別が干渉を受けた段階（1965 年から 1978 年）。この段階ではまず、チベットのローバ（珞巴）を単一の少数民族とした。また貴州の黔東南と安順地区で民族識別の調査研究活動を実施し、「東家」、「木佬」、「三楸」などの人に対し調査をおこなった。その後、「文化大革命」の干渉を受けたため、民族識別工作はほぼ停頓した。この段階で、中国の少数民族は 54 となった。

　第四段階――民族識別の回復段階（1978 年から 1990 年代）。1987 年、中国共産党が開いた第 11 期中央委員会第 3 回全体会議において民族識別工作が回復した。1979 年、雲南省のジノー族（基诺族）が単一の少数民族として確定した。1982 年、第 3 回全国人口調査に伴い、民族識別工作では主に、一部の少数民族の民族身分の回復と変更をおこなった。身分の変更を要求したり、新たな識別を求めたりした人は 500 万人にのぼり、その活動では以下に重点が置かれた。第一に、識別や変更を要求した人は漢族なのか、少数民族なのか。第二に、彼らは単一の少数民族なのか、それともある少数民族の一支系なのか。第三に、彼らは一つの民族なのか、異なる民族なのか。詳細な調査研究を経て、統合、変更、回復がおこなわれた結果、例えば、「苦聡人」はラフ族に組み込まれ、雲南に居住する「摩梭人」はナシ族となった。貴州の「饒家」、「東家」、「南龍」はミャオ族に統合され、また貴州の「穿青」と湖南の「哇郷人」、「本地人」、「梧州瑶人」は漢族となった。また、民族呼称にも変更が加えられた。例えば「パラウン族」は「ドアン族」に、「マオナン

111

族（毛難族）」は「マオナン族（毛南族）」になった。1990年の第4回全国人口調査をもって、民族識別工作が終結した。これにより、正式に全国55の少数民族が確定し、漢族を加えて、合計56民族となった。統一された多民族国家としての中国、大家族的な民族構成がここに完成した。

　中国56民族の由来はこの民族識別にあると多くの学者が認識している。このような視点は学術界、政府各級の民族工作委員会にも貫かれている。しかし一部の学者は、中国の少数民族は必ずしも民族識別を由来としているものではないとも考えており、秦和平は次のように指摘している。「中国の各民族は長い歴史のなかで形成されたもので、建国後政府の関係部門が展開した活動は「確認」にすぎない。それは統一と名称の確認、集団の統合、少数民族という身分の確定、そして平等、団結、互助、共同繁栄、利益の維持と補償を実現したものである」（秦 2013）。つまり、民族識別工作が民族に対する「確認」であるならば、その起源がどうであれ、少数民族は長期的な発展の過程によって形成されたものなのだ。「民族名称の確認」とは、「民族由来」が実際の状況と符合していないことを示しているのである。しかしながら、多くの民族学者やメディアは中国の56民族名の由来は民族識別に端を発するとの考えを固持している。

　雲南省の民族識別は全国と歩調を合わせて進んだ。民族学者によると、新中国設立の初期には雲南には民族名称が250以上あったが、識別を経て22になり、さらに68の民族共同体が識別された（黄 2004）。雲南の少数民族は特に支系の名称が多い。その要因は複雑だが、主に以下の数点が挙げられる。第一に、同一民族の異なる支系が異なる民族と見做されていること。第二に、ある少数民族の居住地の地名が、他の民族に使用されている他称になっていること。第三に、生活習慣の些細な特徴あるいは服飾によって支系が区別され、民族支系の名称が民族を示す他称になっていること。第四に、ある民族名称と民族の来歴とが関連すること。第五に、ある民族の自称と経済生活とが関連すること（王ほか 2011）。そのため、中国の少数民族識別、特に西南地区では、少数民族か否か、それは一つの独立した民族なのか否か、あるいは一つの民族の一部分（支系）なのか否かを確定せねばならなかった。林耀華によると、中国西南の少数民族識別は四つの実際的な状況に直面した。それは第一に少数民族としての確定である。つまり単一の少数民族ではなく、他

第 5 章　中国の民族、エスニック・グループと民族識別

の少数民族の一部分（支系）かどうかという問題で、例えばイ族（彝族）などがこれに当たる。第二に少数民族ではなく漢族であるという問題である（例えば我々は粤語を話す漢族である「蔗園」と称する人びとがそれを民族名称として申請した事例に遭遇した）。第三に単一の少数民族の確定という問題である。第四に、人口の少ない民族名称集団は、未だ識別工作の最中にあるという問題である（林 1984）。雲南省では 1979 年にジノー族が独立した民族として確定した後、一部の民族の身分の統合と変更がおこなわれただけで、1990 年には、民族識別工作はおおむね収束した。最終的に確定した雲南省の少数民族は、イ族、タイ族、チワン族、プイ族、ペー族、ナシ族、リス族、ハニ族、ラフ族、ジノー族、ジンポー族、ワ族、プーラン族、アチャン族、ドーロン族、チベット族、プミ族、回族、ミャオ族、ヤオ族、モンゴル族などである。そのうちペー族、ナシ族、リス族、ハニ族、ラフ族、ジノー族、チンポー族、ドアン族、ワ族、プーラン族、アチャン族、ドーロン族、プミ族などは雲南省独自の民族である。

　中国の民族識別はマルクス主義の民族理念、特にスターリンの理念と中国の実践が結合した産物である。当然ながら民族識別では様々な問題が現れた。それは第一に、民族識別の活動期間が短期であったにも関わらず、多くの機関が参加したため、調査材料が詳細に検討されるに至らなかったこと。第二に、民族内部の複雑性への配慮が不十分だった地域では、ある民族の一部分が全体的な識別基準と見做され、識別工作に偏りが生じたこと。第三に、人口が少ない民族に対しては、できるだけ相互関係を探し出し、積極的に統合が図られた結果、識別が促されなかったこと。第四に、当時の民族識別は全国統一的にも、ましてや省レベルでも考察されたわけではないため、異なる地域に居住する同一民族の識別に対して行政区を管理する幹部や専門学者たちによって異なる識別結果が導かれたこと、である（王・龍 2010）。同じエスニック・グループにも関わらず異なる民族として識別された例としては、瀘沽湖のモソ人（摩梭人）が雲南ではナシ族に、四川ではモンゴル族に識別されていることが挙げられる。またプイ族は雲南では独立した一つの民族だが、広西ではチワン族の一部になっている。これらは識別の過程で、情報交換がおこなわれなかった結果生じた問題である。また、識別中に解決したり、問題とならなかったことが、時間の経過とともに不服申し立ての対象となった。

例えば、漢族の一部と識別された人びとが後に新たな「証拠」を出し少数民族に変更されたことが挙げられる。また祖国統一の過程で新たに生じたのは、香港・マカオ・台湾の民族の鑑定問題や、外来移民の民族境界に関する問題などである（王 2010）。

中国の民族識別はスターリンの「四つの共同」理論を堅持している。ただし、民族識別工作の実践によって次のことが浮き彫りにされた。「どの民族であれ、その多くが現代民族の四つの特徴を完全に備えているわけではない。そのため、四つの特徴を完全に備えているという見方を、我が国の未だ十分に発達していない各民族の頭上に機械的に援用することはできない。しかし、我が国の各民族が歴史の発展段階にあることを鑑みると、すでに基本的にはこの四つの特徴の原形を備えており、ただこれらの特徴が不均衡に現れているだけだと言える。つまりある民族にはある特徴が突出し、またある民族には別の特徴が突出しているにすぎない（李 1998）」。ここから分かるのは、中国民族識別にスターリンの理念を当てはめると、中国はすでにそれを解釈し、その実践の過程にあるということである。

民族学者によると、中国民族識別の目的は民族差別を改め、民族平等を実現することである（杜 1997）。統一された多民族国家である中国において、中華民族文化は各民族の文化から構成される（陳連開 1982）（陳永齢 1982）（王 1982）。このような理論の基礎は費孝通の著名な論著『中華民族的多元一体格局』（費 1989）によって形成された。彼は中華民族多元一体構造の問題を体系的に討論している。彼が述べているのは次のようなことである。中華民族の起源は多元的であり、その歴史は数千年前に遡ることができる、中華文化は融合してできたものであり、その凝集の核心には漢族がいる、あるいは漢族が中華民族の多元一体構造の核心的地位にあるともいえ、漢族の形成がまず華夏民族を形成し、その後華夏民族が漢族を拡大形成し、中原地区では民族の大融合が起こり、民族地区は多元的統一を果たした。費孝通はまた、少数民族が漢族に新鮮な血液を与え、漢族もまた少数民族を拡充させてきたことを指摘している。中華民族多元一体構造は徐々に実現していったものであり、その核心には漢族がいる。しかし、少数民族が大多数の土地を占めていたため、複雑な条件のもとに民族融合が進み、多元的な構造が生まれた。費孝通の主張はただちに学術界からの応答と支持を得て、中華民族多元

一体構造の問題はより深く討論されるようになった（蘆・楊等 1998）（馬 2001）。学者たちは、中国の 56 の民族はそれぞれの自称とともに、等しい民族名—中華民族—を有していると指摘する。つまり中華民族とは民族の大家族なのである。さらにこの大家族の核心に存在するのは漢族であり、漢族の拡充と少数民族の流動が多元一体構造を形成しているのである（費 1989）。このような見解が中国民族学界において支持と賛同を得ているのである。

3　第二代民族政策およびその批評

　一貫してマルクス主義の民族理論に基礎を置きながら、中国の実状に沿ってまとめられてきた中国の民族政策は、民族区域自治を包括し、民族幹部を育成し、少数民族に対して政治、経済、文化、発展の各方面において優遇政策を取ってきた。長期的な実践を経ている中国の民族政策を、民族学者は、国情に沿い、かつ少数民族からの支持も得ていると認識している。

　しかし 2004 年に、馬戎が著した「理解民族関係的新思路——少数族群的去政治化」において、"少数民族の脱政治化" という理論が出された（馬 2004）。2011 年には、胡鞍鋼、胡聯合が「第二代民族政策——促進民族交融一体和繁栄一体」を発表し、"第二代民族政策" を主張した。それは "国内の 56 民族を識別し、56 の民族団結と発展をかなえた第一代民族政策の保持から、さらに各民族の融合を推し進め、中華民族の繁栄と一体的な発展、偉大なる復興を促すという第二代民族政策への転換に至るまでを実現することである。そして、凝集力が次第に強化され、あなたのなかに私があり、私のなかにあなたがあり、私とあなたの区分がなくなることで、永遠に分離しない中華民族の繁栄共同体が構築される" という主張である（胡・鞍 2011）。中国が新世紀に入った後に現れたこのような主張や理論は、民族理論や民族政策にも新たな影響を及ぼしたため、学術界において「第二代民族政策」と称されるようになった。その核心的な内容は民族問題の「脱政治化」と、民族関係の「脱政治化」である。

　第二代民族政策という見解は、中国の学術界で大きな論争を巻き起こした。多くの学者がこれを批評し、第二代民族政策には一連の理論と実践の死角が存在することが明らかになった（郝 2012）。第二代民族政策は中国の国情と

合致せず、また中国の政治、経済、文化の三方面の客観的な実際状況を顧みていないと見做され、思想に妨害をもたらしたり、理論に混乱を招いたりと、中国の基本的な政治制度に背くものであるとされた。そのため、"第二代民族政策"は造説であり、偽りの命題だと見做された（曽 2013）。学者たちは現行の民族政策こそ適切で、かつその効果も明らかであるため、それをしっかりと堅持しながらさらに完全なものにしていくべきであり、安易に"第二代"などにまどわされずに、仕切り直しすべきだ、と考えた（黄 2012）。上述したような見解から明らかになるのは、学者たちの認識は中国民族政策こそが適切なものであり、いわゆる「第二代民族政策」という主張には理論と実践の乖離が存在しているばかりでなく、中国の実状に符合していないということである。

　第二代民族政策に関する論争はまだ継続しているが、次第に多くの学者の批評を受けるようになってきている。筆者は、中国の現行の民族政策が長期的な実践の過程にあるという、その事実こそがその妥当性を証明しており、その成果も顕著であるとみている。目下、雲南では"民族団結進歩の推進と、辺境の繁栄と安定の模範区"の建設をおこなっているが、このような模範区の建設もまた中国における長期的な少数民族政策の実践を基礎として進行している。中国社会科学院や雲南省社会科学院の専門家たちは長期的な調査をおこない、『民族団結雲南経験』（中国社会科学院"雲南省民族団結進歩辺疆繁栄穏定示範区建設研究"課題組 2014）という書籍を出版した。そして、雲南の民族団結進歩と、辺境の繁栄と安定を建設するという経験こそが、民族理論と民族政策の理論を昇華させたと結論づけている。ここから、第二代民族政策と現行の中国民族政策理論と実践には相当な隔たりがあることが分かる。

4　小結

　中国の民族と民族識別の理論と実践はマルクス主義、具体的にはスターリンの民族定義に基づいているが、しかしそれはそのままの援用ではなく、またソ連モデルの模倣でもなく、マルクス主義理論と中国の実践が結合した結果である。民族識別は中国の国情を基礎として成立し、かつ不断に完全なものへと近づいている。これを基盤として成立した民族区域自治と少数民族の

優遇政策は中国の特色ある社会主義を体現した。中国の民族識別は、例えば豊富な研究資料の蓄積、学科研究隊の組織の強化、中国の特色ある民族理論の発展の促進といった、人類学・民族学上の理論と実践において重要な意義を有している（曽 2007）。中国の民族概念、および民族識別の過程と民族政策は当代の民族工作を理解するために、重要な理論と実践意義を有している。

[文献]

Harrell, Stevan. (1996) "Introduction" In Melissa J. Brown, ed., *Negotiating Ethnicities in China and Taiwan*, pp.1-18. Berkeley: University of California Institute of East Asian studies.

Keyes, Charles F. (1976) "Towards a New Formulation of the Concept of Ethnic Group"*Ethnicity*, 3: 202-13.

Barth, Fredrik. (1969) "Introduction" In *Ethnic Change and Boundaries*, ed. By Fredrik Barth. Boston: Little, Brown, pp.1-38.

Spicer, Edward. (1971) "Persistent Cultural System: A Comparative Study of Identity Systems That Can Adapt to Contrasting Environments" *Science*, 174: 795-800.

Leach, Edmund. (1954) *Political Systems of Highland Burma*. London: Athlone Press.

Anderson, Benedict. (1991) *Imagined Communities: Reflections on the Origin and Spread of Nationalism*. Revised Edition. London: Verso.

中共中央馬克思恩格斯著作編譯局『斯大林全集』第 2 巻、人民出版社 1953 年版、294 頁。

郝瑞著、巴莫阿依、曲木鉄翻訳（2000）『田野中的族群関係与民族認同——中国西南社区考察研究』広西人民出版社、262 頁。

Keyes, Chales F. (1976) "Towards a New Formulation of the Concept of Ethnic Group". *Ethnicity*, 3: 202-13.

Eriksen, Thomas Hylland. (1993) *Ethnicity and Nationalism: Anthropological Perspectives*. London and Chicago: Pluto Press.

Harrell, Stevan. (1998 & 2000) "From Ethnic Groups to Minzu (and back again?): Yi Identity in the People's Republic", a paper presented at the Second International Conference on Yi-Studies, Germany, 1998. In Bamo Ayi and Huang Jianmin ed., *Waiguo Xuezhe Yixue Yuanjiu Wenji*, Kunming: Yunnan Education Press. pp.1-31.

Keyes, Chales F. (1976) "Towards a New Formulation of the Concept of Ethnic Group". *Ethnicity*, 3: 202-13.

秦和平（2013）「"56 個民族的来歴" 併非源於民族識別——関於族別調査的認識与思考」『民族学刊』第 5 期。

林耀華（1984）「中国西南地区的民族識別」『雲南社会科学』第 2 期。

王希恩（2010）「中国民族識別的依拠」『民族研究』第 5 期。
李紹明（1998）「我国民族識別的回顧与前瞻」『思想戦線』第 1 期。
黄光学、施聯朱主編（2005）『中国的民族識別——56 個民族的来歴』民族出版社、104-115 頁。
黄光学（2004）「中国的民族識別」『中国民族』第 5 期。
王文光、段紅雲、龍偉琼（2011）「当代雲南民族識別的学術回顧」『思想戦線』第 1 期。
林耀華（1984）「中国西南地区的民族識別」『雲南社会科学』第 2 期。
王文光、龍偉琼（2010）「新中国成立以来雲南民族識別的認識与反思」『雲南民族大学学報』（哲学社会科学版）第 3 期。
王希恩（2010）「中国民族識別的依据」『民族研究』第 5 期。
李紹明（1998）「我国民族識別的回顧与前瞻」『思想戦線』第 1 期。
杜玉亭（1997）「基諾族識別四十年回識——中国民族識別的実現思考」『雲南社会科学』第 6 期。
陳連開（1982）「怎様闡明中国自古是多民族国家」国家民族事務委員会編『中国民族関係史論文集』第 239-248 頁、北京：民族出版社。
陳永齢（1982）「我国是各族人民共同締造的統一的多民族国家」国家民族事務員会編『中国民族関係史論文集』249-260 頁、北京：民族出版社。
王玉哲（1982）「中国統一的多民族国家的時代問題」国家民族事務員会編『中国民族関係史論文集』272-275 頁、北京：民族出版社。
費孝通主編（1989）『中華民族多元一体格局』、北京：中央民族学院出版社。
蘆勲、楊保隆等（1998）『中華民族凝聚力的形成与発展』、北京：民族出版社。
馬戎（2001）『民族与社会発展』、北京：民族出版社。
馬戎（2004）「理解民族関係的新思路——少数族群的"去政治化"」『北京大学学報』第 4 期。
胡鞍鋼、鞍聯合（2011）「第二代民族政策：促進民族交融一体和繁栄一体」『新疆師範大学学報』（哲学社会科学版）第 5 期。
郝時遠（2012）「評"第二代民族政策"説的理論与実践誤区」『新疆社会科学』第 2 期。
曽睿（2013）「試駁"第二代民族政策"説」『寧波広播電視大学学報』第 2 期。
黄鋳（2012）「何為"第二代民族政策"？」『中央民族大学学報』（哲学社会科学版）、第 3 期。
中国社会科学院"雲南省民族団結進歩辺疆繁栄穏定示範区建設研究"課題組編『民族団結雲南経験——"雲南民族団結進歩辺疆繁栄穏定示範区"調研報告』社会科学文献出版社、2014 年版。
曽新冨（2007）「新中国民族識別的重要意義」『今日民族』第 6 期。

column3

雲南における
〈葛藤を生じない多文化関係〉

金明秀

「問題」としてのエスニシティ

　社会学が研究対象として民族的集団に注目する際には、問題設定の前提として、ある種の基本的視座のようなものを伝統的に抱えてきたように思われる。基本的視座とは、民族的集団には社会を解体させるリスクがあるという認識フレームのことだ。

　例えば、M・ウェーバーによる農業労働制度に関する諸研究は移民（ポーランド人出稼労働者）を研究対象に含む最初期の業績だが、低賃金の移住労働者の流入によってドイツ人農家がどのように解体しているかということが分析の主眼となっている（Weber 1892）。米国社会学の記念碑的業績ともいわれるトーマス＆ズナニエツキ『ヨーロッパとアメリカにおけるポーランド農民』は、アメリカに渡ったポーランド人が母国とも米国社会とも異なる独特な移民社会を形成し、米国社会に不適応を起こしている状況を描出している（Thomas & Znaniecki 1920）。パークは産業化による移民の増加が文化接触に起因する葛藤と人種的紛争を必然的に引き起こすと考え、移民の同化を阻む人種的偏見について研究した（Park 1917）。パークらの同化研究を批判する形で生起した1970年代以降のエスニシティ研究にしても、その多くが、異なる民族的集団は希少な資源をめぐって競合するという前提を理論に含んでいる（ex. Nagel & Olzak 1982）。支配的集団との葛藤を回避するように社会的地位を形成するミドルマン・マイノリティについての研究はやや例外的ともいえるが、そのミドルマン・マイノリティ論にしても支配的集団による敵意や下層的な民族的集団の顧客との葛藤状況が丹念に描写されてきた（ex. Bonacich 1973）。

　民族的集団と社会解体とをリンクさせるこうした認識フレームは、いったいどういう根拠によってこれほど広範に共有されてきたのであろうか。また、それを研究の前提にしてしまっても間違いはないのだろうか。かりに、葛藤が生

じるケースとそうでないケースが存在するとしたら、その差異にこそ注目すべきであるにもかかわらず、葛藤が必然的に生じるという認識フレームを抱えているためにそうした重要な研究課題が見過ごされてきたということはないだろうか。

中国雲南省での少数民族

こうした疑問を持つようになったのは、中国雲南省で少数民族を調査してからのことだ。以下は、ある村でのインタビューの抜粋である。資源の獲得をめぐって民族的集団のあいだで生じる競合として「犯罪」を例示したところ、事件が起こっても民族集団間の競合だとは認知していないという回答であった。

> 私：近隣の少数民族と仲違いするような状況はありませんか。
> 村：仲違いですか、特にありませんが…。具体的にはどういうことですか？
> 私：たとえば、隣の民族の誰かが村に来て、窃盗をしたり、性犯罪を犯したりすると、隣の民族全体に対して敵意が高まるというようなことがよくあるのですが。
> 村：そういう事件はありますけど、罪を犯した人が悪いのであって、べつに隣の少数民族が悪いわけではないので、それで民族同士が仲違いするということはないですねぇ。

また、次の会話はあるホテルの受付でのことである。考えようによっては、I族は公的に民族の美的価値を奪われているという状況だが、受付職員はたんなるユニフォームの一つだとしか考えていなかった。

> 私：T族の方ですか？
> 職：いえ、わたしはI族です。
> 私：どうしてT族の民族衣装を着ているのですか？
> 職：この地域では、受付などの窓口業務に就く場合、T族の民族衣装を着るルールになっています。
> 私：へぇ。どうしてT族にそろえられているんですか？
> 職：T族の女性は美人だという評判があるので、そのせいではないでしょ

うか。
私：I族なのに、そういう理由でT族の衣装を着せられることを屈辱に感じたりしませんか？
職：べつになんとも思いません。ただそういうルールになっているだけですから。

付近のI族の村で同じ質問をしてみたが、そこでもやはり「べつになんとも思わない」という回答であった。

葛藤を生じない多文化関係とは
　雲南では急速に産業化が進んでおり、人や物の交流が盛んになっている。パークのいう異文化集団の「接触」はかつてないほど頻度が高まっているといえる。また、地域産業振興のために観光化が進みつつあり、観光市場のシェアをめぐって異なる民族的集団が競合しかねない状況も生じている。にもかかわらず、紛争どころか葛藤すら生じそうな気配がない。そもそも、資源をめぐる競合があっても、競合の主体を民族的集団と捉える視点そのものが非常に弱い。これは、エスニシティ研究が暗黙の前提としてきた認識フレームを超える問題である。
　葛藤を生じない多文化関係とはどのような条件の下に成立するのか。そうした課題を解くための重要な鍵が、この地域には存在するのかもしれない。

[文献]
Bonacich, Edna (1973) "A Theory of Middleman Minorities", *American Sociological Review*, 38 (5).
Nagel, Joane and Olzak, Susan (1982) "Ethnic Mobilization in New and Old States: an Extension of the Competition Model", *Social Problems*, 30 (2).
Weber, Max (1892) *Die Verhältnisse der Landarbeiter im ostelbischen Deutschland*, Schriften des Vereins für Sozialpolitik LV. (＝ 2004、肥前栄一訳『東エルベ・ドイツにおける農業労働者の状態』未來社).
Znaniecki, Florian and Thomas, William I. (1920) *The Polish Peasant in Europe and America*, vol. V. (＝ 1983、桜井厚抄訳『生活史の社会学――ヨーロッパとアメリカにおけるポーランド農民』御茶の水書房).

第6章

錯綜する民族境界
──中国雲南省のタイ族の観光化を事例として

林梅

1 はじめに

　中国には、国家と民族のはざまで、国家と実に微妙な関係を結び生活している人びとがいる。その一例が、中国南部の雲南、貴州、広西、四川などの辺境地域における少数民族である。なかでも、雲南省では、民国時代までは土司制[1]が敷かれ、各地域の有力者が統治・管理を担い、地域社会の秩序が維持されてきた。そのため、ながらく中央権力が浸透しなかったが、それも1949年の中華人民共和国の建国を契機として、人口登録のために実施された大規模な現地調査を通じて大きく転換することになった。

　人口登録では、少数民族の識別・認定作業が同時に行われ、各「民族」を平等とする理念を軸とした民族政策により行政化が進められてきた。とはいえ、その内実は、各少数民族が棲み分けをしていた自然集落を行政区域とし、地元の少数民族の有力者に引き続き該当地域の統治・管理を任せるなど一定の自治を認める形で進められた。また、改革・開放以前までは移動・移住が厳しく制限されていたために、人びとの出入がほとんどなく、自律的な生活が維持され、少数民族間の矛盾や地域・文化の開発にまつわる様々なコンフリクトが問題化することはほとんどなかった。ところが、そうした辺境地域も1990年代以降、本格的に市場経済の波に巻き込まれることにより、地域開発による鉱山資源の採掘や都市化のほか、自然資源の活用と少数民族の伝統文化を資源とする「民族風情」の観光化が急速に進展し、現在に至る。民

族問題は、このような状況を背景に焦点化され、これまでは、概ね国家権力の主導的な側面に注目が向けられ、少数民族と当該地域の人びとは周辺的で受動的な存在として認識されてきた（高山 2007：長谷 2011）。

以上のような社会背景と先行研究を踏まえて、本稿では市場経済の荒波が押し寄せる現代中国において、特に中国雲南省のタイ族（傣族）による民族伝統文化の観光資源化をめぐる諸実践に焦点をあて、その主体的な取り組みを再検討することで、中国特有の民族構造を生きる人びとの民族意識とその帰属意識がもつ意味を明らかにする。

本稿の目的に応えるために、①「雲南民族村」（以下では民族村）②「大檳榔園生態村」（以下では生態村）③タイサー（傣酒）の村（P村とM村）など三つの対象に注目し、段階的に記述する。以下では、調査対象[2]と調査方法を述べる。

2　調査対象と調査方法

雲南省は、全体の70％以上の土地が民族自治地域であり、25の少数民族と漢族が居住し、少数民族および支系の数が最も多い地域である。各少数民族を人口規模からみると、人口100万人以上が6、人口10万人から100万未満までが9、人口1万人から10万未満までが9である。本稿で特に注目するタイ族は、人口が100万以上ある六つの少数民族の一つである[3]。

全国のタイ族の総人口は約126万人で、そのうちの97％が雲南省に居住している。雲南省のタイ族は、多くが水辺で稲作を営んでおり、六つの主な水系のうちの元江（紅河）、臨沧江、怒江流域に分布している。そのなかで、郷村人口は約68％、鎮人口は23％、都市人口はわずか8.3％であることが示すように、農耕を中心に生活している人びとが半数以上を占めている。彼らの主な行政単位別の人口、住居様式と信仰の特徴を以下、表1にまとめた。

表1　雲南省におけるタイ族の主な分布状況とその特徴

行政単位	人口（万人）	主な伝統住居[4]	主な信仰
西双版納タイ族自治州	31.6	干欄式	上座部仏教
徳宏タイ族チンポー族自治州	35.0	干欄式	上座部仏教
玉溪市新平イ族タイ族自治県	17.7	土掌屋	自然宗教
元江ハニ族イ族タイ族自治県	2.4	土掌屋	自然宗教
普洱景谷タイ族イ族自治県	5.6	干欄式	上座部仏教
孟連タイ族ラフ族ワー族自治県	2.6	干欄式	上座部仏教
临沧耿馬タイ族ワー族自治県	5.7	干欄式	上座部仏教
金平ミャオ族ヨー族タイ族自治県	2.0	土掌屋	自然宗教

（2010年の各行政区の「年鑑」などをもとに筆者作成）

　タイ族は、主に雲南省の徳宏（デエホオン）タイ族チンポー族（景頗族）自治州と西双版納（タイ語ではシプソンパンナー）タイ族自治州に集住し、多くが干欄式の家で暮らし、上座部仏教を信仰している。その一方で、土掌屋で暮らし、自然宗教（アニミズム）を信仰する人びとも20万人ほどおり、そのうちの18万人近くが玉溪市（ユーシー）の新平県（シンピン）に暮らしている。この地域のタイ族の村には、1913年頃にWilliam Clifton Dodd[5]が元江で見た「村にまったく仏寺がない」風景が現在も広がっている。本稿は主にこのような新平県のタイ族を研究対象とする。以下ではその対象をより具体的に述べ、またそれらを選択した理由も合わせて述べる。

　一つ目は、民族村である。

　民族村は、雲南省の省府である昆明市に位置し、雲南省の漢族と25の少数民族の伝統文化や団結という理念を広くアピールする代表的なテーマパークである。敷地には各民族の集落や住居が復元され、伝統的な「民族風情」のありようを発信する場となっている。このような形で施設では、諸民族の文化資源が再現され、経済収益に結びつける運営が行われている。したがって、少数民族としてのタイ族に関する民族表象を観察するための重要な資料となる。

　二つ目は、生態村である。

　生態村は、新平イ族（彝族）タイ族自治県の戛洒鎮に位置している。村に

はタイ族の支系の一つであるタイサーの人びとが暮らしているが、その居住単位である村・集落そのものが丸ごと観光開発されることにより、花腰タイの村となった。この花腰タイは、タイサーと同じくタイ族の支系とされているタイヤー（傣雅）、タイカー（傣卡）を包含する他称である。これらの三つの支系は、居住地がそれぞれ分かれており、それぞれが代表的な生態村を持っている。タイサーの生態村を対象にすることは、タイサーと花腰タイの関係およびその民族意識を考えるために不可欠である。

三つ目は、二つのタイサーの村である。

P村とM村は、夏洒鎮において観光地化の対象となっていないタイサーの村である。P村では、伝統的な手工芸品の生産と観光客への販売による村運営が行われており、県内にはこのような村が少なくない。P村について検討することは、タイサーの人びとが、他称としての花腰タイに対してどのような意識を持っているのかを理解するために重要な意味を持つ。そしてM村は、2002年の山岳地帯で発生した地滑りなどの自然災害によって移住を余儀なくされた結果、同じタイサーでも三つの異なる村が合併して生まれた。M村について検討することは、タイサー人であることと生活者であることの意味を考察するために重要な意味を持つ。

本稿で用いた資料は、2012年から2015年まで、主に8月と3月に実施した現地調査の成果である。調査は、地元出身の研究者による現地案内と専門知識の提供のもとで行われている。その他、現地で収集した資料も活用している。こうした調査研究対象は、中国の民族意識に関するリアリティに富んだ事例など豊富な題材を提供してくれるだろう。

3　中国特有の民族の構造——支系を中心に

本節では事例の考察・分析に入るまえに、本稿の問題意識をさらに明確にすることにより、後の調査報告に関する議論の理解を容易にするために、中国特有の民族の構造について説明する。

国家統治にとって、均質的な国民形成が必須の要件であるように、多民族国家の中国でも、また漢族と55の少数民族が中華民族を構成するという理念のもと、均質化が図られてきた。ただし中国の場合は、第一の「中華民族」、

第二に 55 の「少数民族」と漢族、第三に一部の民族のなかには「一定特徴を持った集団」があり、民族のなかにさらに民族が含まれる場合もあるという点で、西洋の民族とは異なるとされている（費 2006：111）。以下では、関連する先行研究を中華民族、少数民族、その他の「一定特徴をもった集団」の順で整理する。

第一に、中華民族に関する議論である。

「中華民族」という概念は、1900 年頃、梁啓超[6]や孫文[7]によって、「漢人中心の国家」として提起された。その後、「五族共和」[8]論が主張され、さらに五族に限定されない「中国」の全ての民族を、ひとつの「中華民族」に融合させるという目標にまで発展した。ただし、孫文のこうした構想を母胎とする「中華」はあくまで、「華化」と「漢化」の過程を「国家」形成に結び付けたものにすぎず、「同化論」の枠組みを超えるものではなかった（加々美 2008：50-52）。

ところがその後、日中戦争を通じて毛沢東を中心にした共産党によって、少数民族に「自治権」を付与することによって、「統一した共和国」を志向するものへと、「中華民族」が定義された（毛里 2008：37）。そして多民族を中華民族として統合するために、「自治権」を付与する対象である民族の確定が課題とされ、少数民族の識別・認定が行われたのである。

確定された少数民族と中華民族との関係についてのさらなる理解にとって、費孝通の「中華民族多元一体格局」（中華民族の多元かつ一体の構造）の議論が参考になる。「多元」とは、各民族の起源、形成、歴史、文化、社会のそれぞれがその他の民族と区別される特徴をもっていることであり、「一体」とは、各民族の発展が相互関連、相互補足、相互依存し、総体は不可分な内在的関係と共通の民族利益に基づいていることである（費 2003：309）。要するに中華民族とは、たんに漢族と 55 の少数民族の総称にとどまらず、それらが一体となって多元的な民族を形成し、それを基盤として民族間の平等や団結を理念とした国家統合が実現していることを指し示しているのである。

第二に、少数民族に関する議論である。

今日において認定されている中国の少数民族は、おおむね 1954 年から約 25 年もの長期にわたる識別・認定作業の結果である。少数民族の識別は、スターリンの「言語、地域、経済生活、文化的心理要素」という民族定義

に、中国の実情にあわせた修正を加え、「共通の民族呼称、言語、地域、経済生活、民族感情」を認定の判断基準とした。また、この際に、「民族感情」が特に尊重されるべき要素であるとした。しかし、実際には、400件以上の自己申告があったが、最終的には55の少数民族が認定された。特に雲南省では、260以上の諸民族集団からの自己申告があったが、25だけが少数民族として認定された（国家民族事務委員会研究室 2009）。このように、多くの集団は独自の民族集団であることを主張し、また、少数民族の識別において民族感情がとりわけ重要項目とされたにもかかわらず、申告とは異なる少数民族、あるいは漢族に帰属させられたのである。この点がまさに理念と現実のズレを示しており、こうした乖離は他にもあった。例えば、共通の言語や地域を持たない回族が少数民族として確定されたこと、他国と国境を挟んで暮らしている同一民族の場合には、中国領土内の人びとだけを少数民族としたことなどである。要するに、中国国内に居住する諸民族集団の識別は、行政管理や国民統合の必要性に基づくもので、その民族観は極めてプラグマティックなものにとどまり、理論的に厳密に吟味されたものではなかったのである（毛里 2008：70）。

　第三に、民族識別において独自の少数民族として認定されなかった「一定特徴のある集団」に関する見解である。

　国家統治や管理のための少数民族の識別・認定は、55の少数民族をつくり出すと同時に、一つの少数民族のなかにさらに複数の「一定特徴のある集団」が含まれる構造を生み出した。例えば、チベット族におけるカクバ人やアムド人、ミャオ族における青ミャオ、白ミャオ、紅ミャオなどをあげることができる。そして、民族識別を求める声の大多数はこれらの集団から今なお発せられている（費 2006：111）。

　一つの少数民族に帰属させられた複数の「一定特徴のある集団」は、やがて支系（国家民族事務委員会研究室 2009）と呼ばれるようになり、近年では学術論文や民俗誌だけでなく、観光案内などにも広く用いられるようになっている。例えば、新平県のイ族は、ニスー、ナスー、サンスー、アスー、ラロ、ミリ、ウラなど10以上の支系で構成され、文字の使用は、ニスーとナスーという二つの支系に限られている（新平彝族傣族自治県概況編集班 2008：8）。また、ニスーとラロは、お互いを同族とは認めていない。ニスー人は、同じ

ニスー人に会ったときには非常に親切で同族間の情のあふれる対応をするが、ラロ人に対してはよそ者扱いをする。その他の支系間の関係もよく似たものと言われている（李2008：5）。

　支系に関しては、その他にも自称と他称とが一致しない現状もある。例えば、イ族の場合は、222の支系があり、そのうちの171が他称である（張1999：28-32）。そしていくつかの集団が同一集団として一括りにされる場合もある。雲南省のタイ族でいえば、新平県に居住しているタイサー、タイヤー、タイカーはそれぞれ自称する支系集団である。他方、この三つの集団は、いずれも女性たちが鮮やかな色彩の刺繍をほどこした腰紐を着用していることから花腰タイと他称されており、花腰タイもまたタイ族の一つの支系とされている（李 2011：1）。

　このように支系という用語が社会に定着する一方で、用語自体は明確に定義されていない。にもかかわらず、様々な意味が付与され使用されている現状がある[9]。

　以上のように、中国の民族は中華民族、少数民族、支系などと民族の多元的構造を形成している。そこで上記の先行研究を踏まえた民族の多元的構造の理解を踏まえ、次節では雲南省の少数民族のなかでも最も複雑な支系構造を形成しているタイ族を対象とし、その文化資源の観光化について考察・分析する。

4　民族村——民族の大団結

　民族村は、昆明市の中心地から西南方向に約10km離れた郊外に位置し、森林公園と雲南省の最大の淡水湖である滇池（ディエンチー）に隣接している。敷地面積は84.33haで、水域面積がその36.7％を占めている。施設は、1992年に敷地の中心にタイ族「集落」が建設されて開園し、現在では25の少数民族と漢族の伝統集落や住居が復元されている。敷地内には民族団結を象徴する広場のほか飲食店、娯楽施設なども設置されている。入場料は90元である。

　民族村は、国家民族委員会が指定した民族文化基地として、民族文化を伝承・継承する場であるだけでなく、観光客が各民族の伝統文化に関心を持ち鑑賞することを経済効果につなげるということを企業理念としている。そし

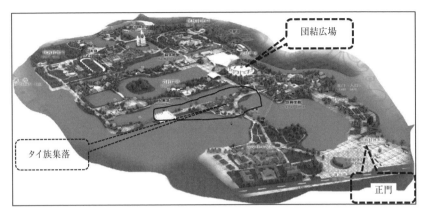

図 1　雲南民族村の略図

（http://www.ynmzc.cc/emap を参考に筆者作成）

て民族村に展示する住居や生態および民俗文化は、できるだけ原住民やその文化形態に近い形で再現し、各民族の文化遺産、特に無形文化遺産の保全と保護、継承と展示を基本原則としている[10]。このようなテーマパークは、雲南省内の各民族の文化を継承・保護するとともに、広く伝えることで、各民族の団結と中華民族の一体化を象徴しているともいえる。

　敷地内では、各民族の生産活動や生活、宗教、慣習が紹介されているが、本稿では、特にタイ族「集落」を対象として記述する。タイ族「集落」は、民族村の中心部に位置しており、敷地面積が 18,000m^2 であり、三面が湖と緑に囲まれている。敷地内には、タイ族に特有の竹づくりの「干欄式」の建築が続き、道には赤い砂利と石が敷き詰められている。ミャンマー寺院とそのそばに高くそびえ立つ白塔はこの「集落」の象徴的な建築である。ほかにも「功徳箱」や「許願池」と名付けられた祈りの場が多数設けられている。

　タイ族「集落」の白塔は、徳宏州盈江県にある上座部仏教のシンボル的な建築である允燕塔のレプリカである。允燕塔は、1946 年に当該地域の土司が水の妖怪を鎮めて洪水を防ぎ、疫病を取り除き、生活の安定を祈願するために建設したものである。この地域の人びとは、ミャンマー南部のシャン族やタイのタイ族とその文化的ルーツから同族とみなされている。男児は、7、8 歳になると仏教寺院に入り、文字を学習し、その後に還俗することで人々

の尊敬を集める。女性は僧になることはないが、敬虔な仏教信者である。仏教を信仰するタイ族を表象する施設として、「濃厚な風情を持つ最も美しい」タイ族の寨子（集落）は、熱帯・亜熱帯の鮮やかな花が咲き誇り、タイ族特有の干欄式である高床式の家屋や白い塔が聳え、中国にいながらにして東南アジアを訪れた感覚を抱かせる（高山 2007：138）。このように民族村のタイ族「集落」では、タイ族人口の約8割を占めている徳宏タイ族チンポー族自治州と西双版納タイ族自治州などの地域でみられる干欄式の家での暮らし、南伝の上座部仏教を信仰しているタイナ

白塔のレプリカ

とタイレエなどの支系がタイ族表象として展示されている。

これに対して、自然信仰や土掌房を特徴とする新平の花腰タイやタイサーを含むタイ族は、民族村のタイ族集落では「不可視的な存在」といえる。なぜなら、人口の大多数を占める南伝の上座部仏教を信仰している人びとの生活様式がタイ族「集落」で展示されている一方で、自然宗教を信仰する人びとのそれは紹介されていないからである。こうした展示のあり方は、自然宗教を信仰する人びとが周辺化され、民族文化の伝承・継承と、それらを資源とする経済活動から疎外されていることを意味する。

5　新平花腰タイの観光開発

　民族村においては、「不可視的な存在」とされている花腰タイやタイサーの人びとの多くが生活している新平県の県城は、昆明市から西南方向に約180km離れ、哀牢山山脈の東側の典型的な山岳地帯に位置している。2011年までの全県の戸籍登録人口は約27万人で、イ族とタイ族は全人口の

64.9%を占めており[11]、そのほか、漢族、ハニ族（哈尼族）、回族など13の少数民族が生活している[12]。

県の行政区域は、6の郷と5の鎮および2の街道で構成されている[13]。昆明市から新平県城までは道路が整備され、車での所要時間は3時間ほどだが、県城から各鎮、郷および村までつながる道路は、十分な整備が行われておらず、とりわけ雨期には土砂崩れなどにより路面状態が悪化する。

哀牢山は、国家レベルの自然保護区と指定されており、全長が約500km、標高が3,166mである。この山岳地帯で暮らしている各民族は、標高別に暮らすことで棲み分けを行い、それぞれの文化の特徴を保持している。例えば、イ族は標高の比較的高い高地に、タイ族は標高の低い麓に、後になって移住してきたといわれている漢族は中腹に居住している。一方で、県城や町では漢族や回族に加えて、さまざまな少数民族が混住している。県内のタイ族には、タイサー、タイヤー、タイカー、タイジャオザー（傣角折）などを自称する支系が暮らしているが、そのうち花腰タイと他称されているのはタイサー、タイヤー、タイカーのみである。以下ではそのタイサー、タイヤー、タイカーを取り上げ花腰タイの観光開発を検討する。これに先立ち、三者の歴史的・文化的差異を紹介しよう。

5-1 自称としてのタイサー、タイヤー、タイカーの差異

タイサー、タイヤー、タイカーの差異は次の三点から区別することができる。

まずは、起源の違いである。タイサーは砂浜の街で生活しているタイ系の人びとという意味で、タイヤーは歴史上の民族の大移動の途中で残されたタイ系の人びとの子孫、そして、タイカーは漢族と混血したタイ系の人びとである（新平彝族傣族自治県概況編集班 2008：14）。こうした起源の違いからタイサーとタイヤーは、タイ系と漢族が混血したタイカーに、差別的な意識を持つ者もいるという。

次いで、民族衣装の違いである。花腰タイを示す特徴として、三者は色鮮やかな刺繍をほどこされた腰紐がついた衣装をまとう点で共通する。だが、それぞれが身に付ける装飾品は異なる。例えば、頭の飾りである「頭飾」の場合、タイヤーは、長髪を頭頂に束ね、一本の「青布」を髪の元か

ら上に向かって重ね合わせる形で頭を包み、さらにその上から一本の「青布」で耳を隠すように垂らし、銀の耳飾りをつける。そして、外出時には「尖頂翹辺[14]」の笠をかぶる。タイサーは、髪を後頭部にまとめあげ、赤、白、黄、緑などのリボンで結び、銀の飾りを施し、最後に椎形の先が尖った笠をかぶる。タイカーは、幾何学図形の織物で飾った「青布」を左から右へと巻き上げ、外出時には上は尖り辺が平たい笠をかぶる。

そして、それぞれは支系間での婚姻を厳格に禁止している。タイサー、タイヤー、タイカーは「水牛は水牛連れ、黄牛は黄牛連れ」といった言葉で自らの婚姻風俗を表すが、それは「牛は牛連れ、馬は馬連れ」ということわざをなぞらえた言葉である。同じ牛でも水牛と黄牛とでは異なることと同様に、同じ花腰タイであってもタイサー、タイヤー、タイカーは異なる集団であり、またそうした意識を持つがゆえに、外婚を頑なに否定している。

このようにタイサー、タイヤー、タイカーは、たしかに、異なる集団としての自意識を有している。しかし、花腰タイという他称を必ずしも否定的にとらえない現状を捉えることができることも事実である。この点を以下で確認し、考察・分析を行う。

5-2 花腰タイという他称の活用

タイサー、タイヤー、タイカーの人びとは、民族村のタイ族「集落」では「不可視的存在」として、そしてそれぞれが異なる民族集団としての自意識を有しているものの、同時に花腰タイと他称されていることはこれまでみてきた。こうした排除的な状況と、自称と他称のズレという非対称の関係におかれた状況を逆手にとった観光開発に、「花腰傣之郷」(花腰タイの故郷)としての観光化がある。タイサー、タイヤー、タイカーの人びとと新平県の地域行政は、自然環境や民族文化を観光資源として活用する形で経済活動を推進する国家方針の流れにのって、「花腰傣之郷」として地域振興策を推し進めてきた。

「花腰傣之郷」として地域振興策は、具体的には県内のタイサー、タイヤー、タイカーの居住地を一つずつ選定し、生態村として開放していることを中心に展開している。花腰タイの人口は10万人余りで、主に元江県と新平県の二県に分布している。また、人口の80%以上が新平県内に暮らしている

「大檳榔園生態村」の紹介

（易 2006）。新平県内では主に戛洒、腰街、漠沙、水塘などに居住しており、それぞれの生態村を有している。

三つの生態村は、それぞれ「大檳榔園生態村」、「大沐浴花腰傣雅生態旅游村」、「南碱花腰傣卡生態旅游村」である。戛洒鎮から3kmほど離れた「大檳榔園生態村」にはタイサー、漠沙鎮から76km離れた「大沐浴花腰傣雅生態旅游村」にはタイヤー、漠沙鎮の西北部に位置する腰街鎮の「南碱花腰傣卡生態旅游村」にはタイカーが暮らしている。花腰タイとしてのタイサー、タイヤー、タイカーは、南伝の上座部仏教の影響は受けることなく、自然信仰を保持している。そして場所や時期は異なるが「花街節」という祭りを執り行い、それぞれで独自の文化を有するにもかかわらず、花腰タイとしての伝統文化を全面的に押し出す。

以下では、その一つである戛洒鎮の生態村に着目する。

生態村の管轄行政が位置する「戛洒」は、砂浜の街を意味し、鎮には主にタイサーで構成される約8,200人の花腰タイが暮らしている。この生態村は、1,000ムー（66.67ha）あまりの広さで、63戸の農家に320人が暮らす集落である。地域の年中行事となった「花街節」は、夏暦[15]の2月、1回目の牛の日に、戛洒鎮の西南側の花街と、生態村の二カ所で執り行われる。生態村は、観光客から入場料を徴収せず、地元行政からの資金援助を受けている。

「花街節」には、「赶花街」という別称がある。妙齢の少女を意味する「花」とそれを追い求める若い男という意味で、従来の祭りは、族内の若い男女が結婚相手を見つける儀式であった。この祭りは、これとは別に二つの機能を備えていた。

一つは、地域の商品交易である。山岳地域で生活する人びとは、日用品の調達や交換に困難を抱えていた。これに対し、祭りは一度に多くの人びとを集め、必要な物資を手に入れることを可能にした点から市場の機能を持っていたのである。このため、「赶花街」という呼称には市場に出かけるという意味も含まれていたと考えられる。また、周辺地域の交通の要衝に位置していた漢族村では、祭りに必要な物資を運んでくるキャラバン隊の人びとをターゲットにした「客桟（休息や宿泊を提供する）」商売が繁昌していた。この点から、祭りの時期には、外地からたくさんの物資が運び込まれ、賑わっていたことが窺える。

「大檳榔園生態村」の「祭龍」の一場面

祭りのもう一つの機能は、祭りの日に執り行う「祭龍」という祭祀にみられる。各集落では、「龍樹」という大木に自集落の豊穣や人と家畜の繁栄などを託し、豚などを生贄に祈願を行う。儀礼は集落の男性を中心にしており、祭祀の期間中によそ者が集落に入ることは禁じられている。ちなみに「龍」は、水と深い関係を持った神として崇拝されており、同地域のイ族も類似した信仰を持っている。漢族社会の龍文化との関係性は不明である。

近年すすめられている観光開発によって「花街節」は、「東方の情人節」という別称を獲得している。「東方の情人節」とは、祭祀の場において、族内の婚姻風俗を若い男女の情念あふれる神秘的でロマンチックな恋物語として表現していることに対し、多くの観光客がそう呼ぶようになった。2014

年の「花街節」で「大檳榔園生態村」の広場で繰り広げられた演出でも、華やかに着飾った少女たちが、観光客を相手に民族の歌を歌い、御馳走を準備し、婚姻風俗を演出した（楊 2010：66）。それは従来、少女が気に入った男子に向ける歌であり、御馳走であった。また、へそが見えるほど短い丈の上着にミニスカートをはいた少女たちの姿は特に印象的であった。花腰タイの女性たちの伝統的な衣装は、肌の露出がまったくない。近隣の開放されてない花腰タイの村を訪ねても伝統的な服装がほとんどである。
　そして、地域の商品交易としての祭りの機能は、今や観光客への土産売りの市場へと化し、花腰タイの伝統工芸品を販売する店が立ち並んでいる。さらに、よそ者の入村を忌避していた「祭龍」も生態村では、観光客を交えて宴を楽しむという変化を見せているが、一方で、開放されていない村ではよそ者の入村を忌避する慣習が依然として存在している。
　このようにタイサー・タイヤー・タイカーは、花腰タイという他称に便乗する形で観光開発を展開している。文化的差異の存在にもかかわらず、タイサーの村をあたかも花腰タイの伝統的な村のように演出を施した場を設け、戦略的に花腰タイの文化を創出することで、花腰タイを前景化させているのである。
　その文化創出によって、「赶花街」は、厳格な族内の若い男女の婚姻風俗から、観光化のなかで「東方の情人節」として華やかでロマンチックな若い男女の恋物語として演出されている。タイサーの厳格な族内婚姻風俗は、市場経済化のなかですでに儀礼に囚われない恋愛結婚へ、そして族外結婚へと変化している。このように脱慣習化していたにもかかわらず、観光化のなかで花腰タイの伝統的な婚姻風俗として再埋め込みされていった。また、よそ者の介入を忌避して集落の男性だけで執り行われていた「祭龍」の原始的なアニミズムは、神秘的でエキゾチックな雰囲気づくりに利用された。さらに、タイサーの文字の代わりとなる刺繍や、染菌、紋身、織物などの古い習俗は、花腰タイの伝統文化に転用された。総じて、花腰タイの観光開発は、自称としてのタイサー・タイヤー・タイカーを内包し、それぞれの伝統文化を資源として利用・転用することで、他称としての花腰タイを前景化したものである。しかし、そうした実践はともかく成員たちが花腰タイに帰属することに同意、あるいは参与することによってこそ可能になるものである。

第6章　錯綜する民族境界

花腰タイと呼ばれるタイサーの人びとは、民族村において「不可視的存在」とされ、また、自称があるにもかかわらず他称されるものの、こうした現状に抗うどころか、それらを逆手に観光産業化を進めてきた。彼ら／彼女らの実践は、まさに否定的にとらえられてきた不可視性や他者性から、積極的な意味を見出す可能性を提供するものであり、民族の帰属意識の再考を促す示唆的意味も含んでいる。以下では、生態村のように観光開発されていない村において、その花腰タイへの帰属意識、およびタイサーとしての認識をさらに検討する。

6　P村の二つの実践

P村は、戛洒鎮の行政村の一つとして県城から西北の方向に1kmほど離れた地点に位置しているタイサー人の村である。村には、約1,500人が暮らしており、ほとんどの家族が水田農業やサトウキビ、マンゴーなどの栽培を行っている。生態村のように観光化されてはいないこの村は、日常生活の様子を積極的に外部に向けてさらすことはないが、花腰タイの民族文化を伝承する村として認知されている。2008年に、村には地元行政の協力で「新平花腰傣の手工芸品開発協会」（以下では協会）が設立され、女性たちを中心に観光客向けの刺繍や織物などの手工芸品をつくっている。

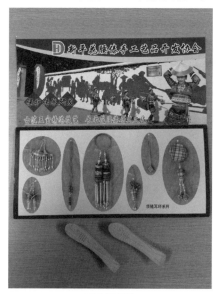

協会の商品

6-1　花腰タイとしての実践

協会は、村民主導による花腰タイの伝統的な工芸品を開発し、保全・伝承をすることで文化産業の観光開発を目指している。村に工場を構えているだけでなく、鎮の繁華街に店舗を構えて、手工芸品

137

の販売も行っている。現在、周辺村の女性も含めて協会には、約400人が会員登録されており、その80％以上が女性であり、すでに400品以上の手工芸品が商品化されている。

　2014年8月に、村の工場を訪ねたところ、閑散として働く人の姿が見当たらない。地域観光のために活躍しているDさんによると[16]、女性たちは家事や農業の合間に手工芸品を作り、Dさんらが各家を回って商品を回収し、販売にまわすという。Dさんは、1988年村で生まれた女性で、協会の主要メンバーでもある。Dさんの特徴をあげれば、日常的に使用するタイサーの言葉と雲南方言だけでなく、北京語も流暢に話す点である。彼女は、その言語能力を生かし、花腰タイの手工芸品の開発以外に、地元のガイドとしても活動している。

　協会が開発製造する伝統的工芸品は、タイサーの人びとが日常生活で使う織物や竹を用いた伝統的な着物や生活道具に限らない。例えば、魚のモチーフが彫られた箸置きは、花腰タイおよびタイサーの文化とは無縁のものである。Dさんらは、商品開発の際に、インターネットを通じて得られたデザインを参考にして商品化したという。また、その際、魚のモチーフがもつ文化的意味や箸置きにまつわる文化的知識があったわけではなく、単に観光客に受けるだろうと思ったDさんの感覚によって生まれた。

　Dさんは、工芸品づくりだけでなく、玉渓市[17]の観光ガイド育成学校に通い、新平地域のガイド資格を取得した。北京語を流暢に話せることが、彼女のガイド業には強力な「武器」となっている。ほとんどの村人は、タイ語と雲南方言を用いて日常生活を送っており、北京語を話せる人はほとんどいない。そのため、Dさんは、村の若者のなかで外部の人びとと最も頻繁に関わり合い、様々な情報を得ている。ガイドとしてのDさんが紹介する花腰タイのルーツは、民族の歴史的な大移動のなかで落伍したタイ系の貴族の末裔であるという内容であった。この話は、通っていた玉渓市の新平地域ガイドの育成学校で学んだという。この紹介からは花腰タイのルーツがタイサー、タイヤー、タイカーの三つの支系のなかで貴族と関連するルーツを取捨選択した結果として、タイヤーのルーツが採択されたことを意味する。

　上記のように花腰タイの伝統文化づくりは、タイサー、タイヤー、タイカーという三者の文化を効用によって取捨選択する、あるいはタイサー、タ

第6章　錯綜する民族境界

イヤー、タイカーの三者の伝統文化とは異なる新たな伝統文化を創造する実践を意味する。観光業においてタイサー、タイヤー、タイカーは、文化差異によるそれぞれへの帰属意識よりは、むしろ観光収入を見込んだ、他称としての花腰タイへの帰属意識を強化することが明らかである。

6-2 タイサーとしての実践

上記の花腰タイへの帰属意識に対して、村を案内する際に「私たちの村はタイサーの村です」とＤさんは紹介した。そして、筆者たち[18]をまずヤー

入口の魔除けの札

ムォと呼ばれるシャーマンの家に案内した。ヤームォは、私たち一人一人の手首に赤い糸を巻きながら呪文を唱えた。それは生態村の宴会場でもよく行われることであった。食事をする観光客のテーブルをヤームォが回りながら一人一人の手首に赤い糸を巻きながら呪文を唱えてくれる。客の旅の安全と幸せを祈願するのだと言った。

しかしＤさんによると、この儀式は、「よそ者」が村に入ってくると村の守り神が驚くので、客が来ると何よりも先にヤームォの家に立ち寄り、ヤームォをとおしてよそ者がきたことを村の神へ報告するのだという。「よそ者」が生活圏内に入ったことを村の守り神に報告するということは、「神の力」でよそ者から村の安全を守ろうとするタイサーの村の対応として理解できる。

村には、ほかにも様々な神と霊に託した「不可侵」のしるしが存在する。村の出入り口の外側の道の両側には、いろいろなものが棄て置かれており目を惹く。例えば、竹で編まれたおもちゃのようなダーリョウと呼ばれるものと、鮮やかな糸くずを束ねたようなもので、ついつい手を伸ばしてしまいたくなる。それらの飾りは、村の家々に一定期間飾られた後に村の外側につながる道端に棄てられたものである。村の人によると、タイサーの村の悪霊は、かわいいものやきれいなものを好んでいるので、人びとは上記のものを家に

139

飾り、悪霊が乗り移るのを待って棄てるのだという。うっかりそれらに触ると、悪霊が乗り移るので細心の注意が必要だという。家の入り口や屋内、家畜小屋までに、魔除けの札が貼られていたり魔除けに効く植物が置かれていたりと、村のいたるところで悪霊を取り除くための仕掛けが確認できる。

　そして、村にはいくつもの自然信仰の対象となる「龍樹」があり、村人に祈願の場を提供する。「龍樹」を囲んだ「祭龍」祭祀の期間は、「よそ者」に開放される生態村とは違い、「よそ者」を忌避する。たとえば、同じくタイサーの村であるＭ村で関連調査を行った際、村の男性が次のような印象深い話をした。それは、祭祀の期間に「よそ者」が村に入ると、その者に村の全ての悪霊が憑依し死に至らせるのだという。「よそ者」が女性であれば何とか救える方法はある。それは、村の男性に嫁ぐことで村人になり、それによって悪霊から逃れることができるという話であった。若干微笑みを浮かべた様子で話したが、充分に恐ろしい気持ちを抱かせる内容であった。このように見世物ではない村の生活現場では、神や悪霊の力を借り、自己と他者を厳密に分けて、自らを防衛する姿勢を崩していないのである。

　Ｐ村は、このように対外的には花腰タイとして観光客にその文化を積極的にアピールする一方で、対内的には「よそ者」を徹底的に警戒するといった二つの実践を行っている。それは一見相反するものであるが、実は前者は経済効果を見込んでおり、後者は生活の場を守ろうとする防衛の意味をもち、生活維持や向上には欠かせない。言い換えれば、生活実践のなかで、花腰タイとタイサーという次元を異にする二つの民族への帰属意識を柔軟に操作しているのである。この点から、民族への帰属意識とは、必ずしも固定的なものではなく、その時々で変動するものといえる。もっとも、タイサー人の村であるＰ村においては、生活者による実践とタイサー人としての実践が必ずしも区分されないものの、Ｍ村における実践において明確に確認することができる。この点を次節で補足的に論じ、まとめることにする。

7　錯綜する民族境界

　本稿では、市場経済化の波に巻き込まれるように観光化を進めている雲南省の少数民族地域、なかでもタイ族の文化資源による観光開発を事例として、

第 6 章　錯綜する民族境界

民族の多元的構造を生きる人びとの民族意識とその意味を明らかにした。
　まず、先行研究を手がかりに、中国特有の民族構造を検討した。その結果、次のような二つの特徴が浮き彫りになった。一つ目は、国家の統治・管理の必要から中華民族や 55 の少数民族がつくられ、国民の均質化が図られたことである。二つ目は、そうした国家による民族の制度化によって基礎社会に生み出された支系の存在である。支系は、独自の民族集団としての自己認識があるにもかかわらず、自身ではそれまでに「よそ者」と認めていた集団と同一の少数民族集団に帰属させられたことによって基礎社会に現れた。したがって、支系とは、国家による少数民族認定と、「一定特徴のある集団」による自己認識とそのズレが具現化したものと言える。にもかかわらず、支系は自称と他称をめぐる問題や次元を異にする民族に適応される一方で、その使用の幅も広く定義も厳密に規定されていない現状が存在する。要するに、中国における民族とは、国家によってつくられた中華民族と少数民族、そしてそうした制度化によって基礎社会に具現化した支系、そして支系が内包している自称と他称および次元を異にする民族集団という複雑に絡み合った多様で多元的な構造をなしているのである。
　次いで、多様で多元的な民族構造を生きる人びとの民族意識について、次のような三つの側面に関する検討を行った。一つ目は、民族村のタイ族「集落」におけるタイ族表象が、その人口の半分以上を占めている南伝の上座部仏教を信仰しているタイナとタイレエなどの支系であることを確認した。この点から、花腰タイやタイサーを含む自然信仰を特徴とする支系は、「不可視的な存在」あるいは「周辺的な存在」であることを指摘した。二つ目は、タイサーの人びとが暮らしている村全体を開発した生態村が、タイサー、タイヤー、タイカーを合わせて他称されている花腰タイという呼称に便乗した「花腰傣之郷」として創造された村であることを確認した。この事例からは、自称と他称が異なるという二重性があるにもかかわらず他称に便乗し、「不可視的な存在」という状況を逆手にとった観光開発を進める諸実践が明らかになった。三つ目は、観光地化の対象となってはいないタイサーの村Ｐ村における花腰タイとして、そしてタイサーとしての二つの実践を確認した。それは、生活現場において一方では、花腰タイとして伝統的な手工芸品づくりを行い、観光客に販売することで経済収益を目指していること。他方では、

タイサーとして「よそ者」を徹底的に区分・警戒する実践行為などである。

　以上を確認し、花腰タイやタイサーの人びとの実践からは、民族の伝統的文化のみならず民族の多元的構造も観光資源化の対象となり、生活レベルの維持や向上の必要によってそれらは流動的な様態を現し、錯綜する民族境界を呈するということが明らかになった。

　最後に、以下では、M村においてタイサー人であることと生活者であることの意味を補足的に考察し、まとめとする。

　M村は、観光をめぐる地域開発や文化資源の開発とは無縁のタイサーの村である。山岳地帯には地滑りなどの自然災害が頻繁に生じるが、2002年8月14日に新平県で起きた大規模な土砂崩れにより移住を余儀なくされた結果、同じタイサーでも三つの異なる村が合併して生まれたのがM村である。この被害によって県では、63人が死亡し、801軒の家屋が倒壊し、2,000人以上が家を失った。また災害後、周辺の多くの村が地滑りに伴い土石流が発生しやすい地盤に位置していることが判明し、地元行政は50あまりの自然村に居住する2,225戸の8,551人の住民を他の地域へ移住させることを決めた。そのなかでM村は、もとあった34戸の160人、19戸の67人、36戸の162人[19]規模の三つの村が合併し、新しくつくられたのである。行政は三つの村に住んでいた村民がいずれもタイサーであるため、そのルーツ、信仰、生活慣習が共通する点から、新たな村の枠組みの形成とそれによる秩序維持や管理などが容易になると見込んだ。ところが、実際には合併前の村単位ごとに、家屋を三つの区画に分けて建て、「祭龍」の儀式もそれぞれで執り行い、行政管理も従来の村単位で行うなど、棲み分けしながら秩序維持を行っていたのである[20]。M村の状況は、同じ伝統文化を共有する民族集団であっても、生活単位として簡単に統合させることは難しいことを示す。したがって、生活の保持・向上のための生活実践において民族は必ずしも生活共同を意味しないことが明確であり、生活の必要性によって民族は分離の可能性さえも秘めている。

　現代中国では、地域開発の進展に伴い、民族問題は経済問題を伴う形で顕著化している。こうした現状を対象とした研究は、少数民族の伝統文化を資源とした観光開発を含めた諸問題について、少数民族の社会的周辺化を指摘し、当該地域の人びとを受動的な存在としてみてきた。本稿は、こうした視

点をとる研究観点に対して、地域社会の観光開発をめぐる人びとの観光実践に注目したことで次のような新たな知見を提示することができる。まず、民族の多元的構造をもとに生じる障害や不都合が観光開発のチャンスや資源へと変えられる可能性。そして、民族の伝統文化のみならず民族さえも利用・選択可能な資源としての意味をもつこと。さらに、民族境界は生活レベルの維持や向上の必要によって流動的な様態を現し、錯綜する状況を呈することを再確認した。言い換えれば、絶えず自己と他者の境界線を引き直す流動的で錯綜した民族境界は、生活世界においては、生活者の利害関係を基盤とした「民族の操作」という主体性を現すのである。

［注］
1 　土司制とは、歴代の中央封建王朝が辺境の民族地域の統治を強化し、国家による統一を実現するために実施した制度である。朝廷は、自ら規定した各種義務を実行することを承認した地元の有力者を土司に任命し、土司を通して当地域の状況に応じた管理を行った。
2 　本稿で掲載した写真は筆者が撮影したものである。
3 　2010年11月の国務院の第6次全国人口調査による。
4 　干欄式はタイ族の代表的な建築の一つである。柱が木材、屋根が草ぶきであるほか、竹を主な材料としている。一戸建ての二層構造が多く、一階は物置小屋や家畜飼育に使われ、二階が居住空間となっている。他方、土掌屋は四面の壁と丸太や枝を敷いた屋根を粘土で固めるなど、土を主な材料とする。一般的にベランダつきの二階建てで、屋根は平らな構造をしている。主に二階に居住し、ベランダでは穀物を干したり、人びとが集まって雑談をしたりする。一階は、炊飯、客の接待、物置きなどに使用される。
5 　William Clifton Dodd は、1857年にアメリカで生まれた。1888年に長老会の牧師になってからは、33年間にわたりタイやビルマ、中国などのタイ系の人々に宣教活動を行ってきた人物である。
6 　梁啓超は、政治運動家および思想家である。
7 　孫文は、中国近代民主主義革命の先駆者である。
8 　「五族共和」とは、漢、満、蒙、回、蔵の諸地方と諸人を合して、一国または一つとすることを意味する。
9 　「一定特徴のある集団」は、複数が一つの少数民族にまとめられた場合と、漢族に帰属させられた場合がある。前者を支系と称することが多いことに対して、後者は支系と称されることが少ない。おそらく国家政策に対する配慮からであり、それらの集団を少数民族として識別・認定するのか否かに関心が集まっている。

10　雲南民族村のパンフレットによる。
11　2012 年の『新平年鑑』より。
12　『新平彝族傣族自治県概況（2007 年、民族出版社）』より。
13　行政区域には、具体的に県城の桂山街道、古城街道を中心に、平甸郷、揚武鎮、新化郷、老場郷、漠沙鎮、腰街鎮、戛洒鎮、水塘鎮、者竜郷、建興郷、平掌郷などがある。
14　尖頂翹辺は、先端が尖り、辺が浮き上がるような形である。
15　夏歴は、中国の漢代に伝わる六つの古歴の一つである。
16　D さんへのインタビューは、2014 年 8 月に実施したものである。
17　玉渓市は、新平県を含めた三つの自治県と、一つの区、そして五つの県を統括する市政府機関の駐在地である。
18　2014 年 8 月の調査に同行した研究グループのメンバーを指す。
19　李永祥（2012）『土石流災害的人類学研究』知識産権出版社、115 頁を参考。
20　2012 年 8 月の現地調査による。

［文献］
日本語
長谷川清・塚田誠之編（2005）『中国の民族表象――南部諸地域の人類学・歴史学的研究』風響社。
長谷千代子（2011）「仏塔のある風景」愛知大学現代中国学会編『中国 21――国家・開発・民族』（Vol.34）、東方書店。
加々美光行（2008）『中国の民族問題――危機の本質』岩波書店。
林梅（2013）「観光開発をめぐる歴史的文化遺産の可能性」山口覚など 5 名の共著『フィールドは問う――越境するアジア』関西学院大学出版会。
毛里和子（2008）『周縁からの中国――民族問題と国家』東京大学出版会。
S・ハレル（2006）「「イ族史」の歴史」『中国文化人類学リーディングス』瀬川昌久・西澤治彦編訳、風響社。
ジェームズ・C・スコット（2013）『ゾミア――脱国家の世界史』佐藤仁監訳、みすず書房。
高山陽子（2007）『民族の幻影――中国民族観光の行方』東北大学出版会。

中国語
費孝通編（2003）『中華民族多元一体格局』（第 2 版）、中央民族大学出版社。
費孝通（2006）『費孝通民族研究文集新編（下巻）』（第 1 版）、中央民族大学出版社。
国家民族事務委員会研究室編（2009）『中国的民族事務』民族出版社。
李銀兵（2011）『雲南新平花腰傣花街節研究』（第 1 版）、中央民族大学出版社。
李永祥（2008）『国家権力和民族地区的可持続発展』（第 1 版）、中国書籍出版社。

第 6 章　錯綜する民族境界

李永祥（2012）『泥石流災害的人類学研究』（第 1 版）、知識産権出版社。
新平彝族傣族自治県概況編写組（2008）『雲南新平彝族傣族自治県概況』（第 1 版）、民族出版社。
易暉編（2006）『新平戛洒──花腰傣居住的古鎮』（第 1 版）、雲南出版集団公司。
鄭暁云主編（2012）『当代雲南傣族簡史』（第 1 版）、雲南人民出版社。
張建華（1999）『彝族文化大観』（第 1 版）、雲南民族出版社。

第 7 章

永遠の聶耳
―― そのメディアとの関わり

西村正男

聶耳（1912-1935）。彼のことを知らない人間にしてみれば、字面を見ると「耳」ばかりで構成されたこの名前、不思議に思う向きもあるかもしれない[1]。だが、彼は中国では知らぬ者はいない作曲家である。何をかくそう、雲南出身でわずか23歳の若さで死去した聶耳は、現在の中華人民共和国国歌「義勇軍進行曲」（「進行曲」は行進曲の意）の作曲者なのである（写真1）。

写真1　聶耳

中国国歌の作曲者としてあまりにも著名となった聶耳であるが、彼を論じる際には、その生来の非凡な才能、あるいは社会主義を受容した知識青年という側面や、若くしてこの世を去った悲劇的人生などに焦点化され[2]、彼の作曲家への成長過程がまさに中国のレコードやトーキー映画というメディアの発展と軌を一にしていたという重要な事実が看過されてきた。本稿では彼の経歴をメディアとの関わりから再考する。そして没後長い年月を経て、彼のゆかりの土地で彼がどのように顕彰されているのかを確認し、彼の人生が生前・没後共にメディア史的イベントと密接に関連していることを明らかにする。

1　聶耳の短い人生とメディア

聶耳は雲南省の省都・昆明で、漢方医であると同時に薬局も経営する父親

の息子として1912年に生まれた。本籍は昆明の南南西80 kmに位置する玉渓である。1916年に父が逝去、母が家業を継承する。聶耳は幼少より音楽を愛好したが、学業も怠らず、1918年に昆明師範付属小学、1922年に求実小学高等部、1925年に雲南第一聯合中学、1927年に雲南省立師範学校にそれぞれ進学し、学校教育の階段を登っていく。師範学校で共産主義に触れた聶耳は、師範学校卒業後の1930年、当局の逮捕を逃れ、上海へと向かう。

　上海ではまず、コネを頼ってタバコ問屋・雲豊申荘に1930年7月より住み込みで勤務するが、雲豊申荘は1931年3月に倒産、翌月聯華歌舞班に参加する。聯華歌舞班とは、黎錦暉（1891-1967）が率いた明月歌舞団が映画会社・聯華影業公司に取り込まれて一時的に改称していたものである。

　黎錦暉は、言語学者の兄・黎錦熙の影響で1921年より国語教科書や児童向け雑誌『小朋友』を編集し、そして『小朋友』誌上に児童向け歌曲や歌劇を発表する。1926年に中華書局から独立し、中華歌舞学校、明月歌舞団などの団体を組織、やがて児童向け歌曲のみならずラブソングも手がけるようになる。彼が創作した児童向け歌劇やラブソングはともにレコード化され、「毛毛雨」などのラブソングは大ヒットした。だが、彼のラブソングは国民党側からも魯迅ら左翼の知識人からも激しい批判を浴びることになる。

　ところで、周東美材は日本の童謡を論じる際、20世紀は子どもの世紀であると同時にメディアの世紀であったと指摘する。とりわけ1920年代は本格的な子どもの時代を迎え、またメディア時代の幕開けを迎えており、童謡が典型的なポピュラー音楽となっていったというのだ（周東 2015：8-23）。中国においても1920年代は黎錦暉による児童向け歌曲がメディアにより拡散し、さらにそれが流行歌へと発展した時代だった。日本と中国における童謡・流行歌の形成・発展の同時代性は今後研究に値するテーマとなるだろう。

　さて、聶耳の音楽活動の端緒がこの黎錦暉の歌舞団であったことは、彼の音楽人生にとって象徴的であり、レコードや映画というメディアでの大活躍を予感させる。だが聶耳は1932年7月、（聯華歌舞班から旧名に戻った）明月歌舞団を離脱することになる。左翼思想に傾倒していた彼は「黒天使」のペンネームで黎錦暉の流行歌を批判する文章を書いたことで、歌舞団と決裂したのである。しばし北京に滞在したあと、11月に上海に戻り、聯華影業公司第一撮影所に就職する。

第 7 章　永遠の聶耳

　ここから聶耳と映画界の本格的な関わりがスタートする。はじめは 1932 年の年末に公開された『除夕』（除夜）の助監督を担当した。その後は音楽を主として手がけ、映画『母性之光』（母性の光、1933）では挿入歌「開鉱歌」（炭鉱を切り開く歌）を提供し、出演も果たした。『人生』（1933）では再び助監督も務め、翌 1934 年に公開される『漁光曲』の音楽も担当した。『漁光曲』は上海でも大ヒットした上、1935 年モスクワ国際映画祭で栄誉賞を獲得、中国映画史に残る名作となった。主題歌も大ヒットしたが、同曲は聶耳の作曲ではなく任光の作曲である。だが、同曲は主演の王人美の歌唱による吹込みの他、聶耳によるウクレレ演奏のレコードも発売された。この映画と主題歌は、中国映画に主題歌や挿入歌を用いる潮流を生み出した。だが、1933 年中に共産党に加入していた聶耳は、1934 年 1 月に聯華を解雇されてしまう。
　同年 4 月にはレコード会社百代唱片公司に入社、音楽部副主任に就任する。映画会社の社員から今度はレコード会社の社員へと転じたわけである。百代（パテ）は、もとはフランス系の会社であったが、この頃はすでにイギリス EMI の傘下となっていた。中国では「百代」の名があまりにも有名であったため、EMI も百代の名称を踏襲したのである。聶耳はこの時期さらなる飛躍を遂げ、映画、歌劇、演奏会、レコードなど多方面で活躍し、新聞広告でも彼の名前を目にせぬ日は僅かである。田漢が創作した歌劇『揚子江的暴風雨』（揚子江の暴風雨）では作曲のみならず出演も果たし、映画では『桃李劫』（若者たちの不運、1934）の主題歌、『飛花村』（1934）の挿入歌、『大路』（大いなる路、1935）主題歌・挿入歌、などを創作し、その間「森森国楽隊」などの名義で演奏会に登場もしている。
　『飛花村』挿入歌が百代のライバル、アメリカ資本の勝利唱片公司（Victor）から発売されたため、1934 年 11 月には百代唱片公司からも解雇される憂き目に遭い、翌 1935 年 1 月に今度は聯華影業公司の第二撮影所に就職し音楽部の主任となる。この時期には阮玲玉主演の映画『新女性』の主題歌や映画『逃亡』の挿入歌を作曲、田漢の作による話劇（近代演劇）『回春之曲』の音楽も担当した。だが、同年 2 月には田漢が逮捕され、多くの作品を合作していた聶耳にも逮捕の危機が迫り、4 月には日本に脱出する。彼が日本に向かった後、5 月には映画『風雲児女』（嵐の中の若者たち）が公開され、挿入歌「義勇軍進行曲」「鉄蹄下的歌女」もレコード発売されたが、この二曲はいず

149

れも田漢の作詞、聶耳の作曲によるものだった。だが、同年7月9日より藤沢に滞在していた聶耳は、同月17日に鵠沼海岸で溺死してしまう。

　以上の聶耳の経歴を振り返ると、彼の生涯が映画やレコードなどの音声メディアと密接につながっていることが理解できる。特に、映画についてはサイレントからトーキーへと移行する時期にあたっていた。彼が二度にわたり（「聯華歌舞班」時代を含めると三度）聯華に雇われたのも、この映画会社がそのような時代に対応しようとしたためだと考えられる。そもそも明月歌舞団が聯華歌舞班として映画会社に取り込まれたのも、映画に音楽が付される時代の幕開けに対応するためであり、彼らが関わった映画は、すべて蠟盤レコード式によるサウンド版短編映画だったと考えられる（ただし聶耳自身の貢献は大きくなかっただろう）。その後の聶耳が関わった映画では、『母性之光』は現存のフィルムでは音声は欠落しており今日では無声映画に分類されるが、これもやはりもともとはレコードをフィルムと同時に再生させる方式により音声が加えられていた。ただし、台詞は字幕で表示されるため、加えられた音声は基本的に音楽のみであったと思われる。その他の映画も、ほとんどはサイレント映画のフィルムに音楽が加えられた形式の映画（サウンド版）であり、映画会社・電通影片公司が制作した『桃李劫』『風雲児女』のみがフィルムに台詞も含め音声が録音された完全なトーキーである。従って聶耳は、サイレントからディスク式サウンド版、フィルム式サウンド版、さらには完全なトーキーへと移行する、映画における音声のメディア革新の中で映画と関わったことになる。

　また、彼の楽曲が吹き込まれたレコード・メディアも、聶耳が活躍した時期には電気録音の時代に突入していた。聶耳の音楽は、映画に挿入歌・主題歌を付けることができるようになり、電気録音によってレコードの音質も改善された時代に見合った新しい音楽であった。左翼思想が音楽に盛り込まれたことも、このようなメディア革新と軌を一にした音楽の革新運動として捉えられよう。

　聶耳は確かに非凡な才能を持ち、思想的にも音楽的にも進歩を追い求めた青年であったことは疑いない。だが、彼のそのような側面を強調してきたこれまでの研究が看過してきたのは、その彼の短い音楽活動と1930年代前半の音声メディアの革新が同時代的に共振していたという事実である。聶耳は

サウンド版映画やトーキー、さらにはレコード電気録音、ラジオといったメディアの申し子だったのである。

2　メディアにおける死後の聶耳

　さて、1933年頃から死去する1935年にかけて、頻繁に新聞紙上にその名を飾った聶耳であるが、死後においてもその名は忘れられることはなかった。それは、もちろん「義勇軍進行曲」の流行によるところが大きい。国民党当局に目をつけられ逮捕目前であったという聶耳ではあるが、意外なことに彼が映画『大路』のために書いた「大路歌」「開路先鋒」などの楽曲や、歌劇『揚子江的暴風雨』のために作曲した「揚子江的暴風雨」「碼頭工人」などは、日中戦争勃発前から南京国民政府による国営放送・中央広播電台でも繰り返し放送されていた。「義勇軍進行曲」もまた同局で放送され、同局の機関誌『広播週報』には盧溝橋事変の前後に二度も楽譜が掲載されているのである（西村 2015）。そもそも、国民党に近い立場をとる文化人は、流行歌を低俗なものとして批判することが多く、その一方聶耳をはじめとする左翼文化人・音楽家は、積極的に流行歌・映画主題歌を創作・運用した（Jones 2001：105-136）。聶耳の楽曲は国民党系の知識人が批判した通俗さ、猥雑さを兼ね備えておらず、結果として国民党側からも政治の立場を超えて彼の曲が利用されたことが窺える。

　中央広播電台は抗日戦争勃発後しばらくしてから重慶で復活するが、1939年1月から1941年4月の機関誌『広播週報』を捲ると、「義勇軍進行曲」は基本的に毎日必ず放送され、国歌並みの扱いを受けていることが分かる（西村 2015）。また、重慶で日本人捕虜を主演に起用して撮影された反戦映画『東亜之光』（1941年公開、何非光監督）の劇中劇でも「義勇軍進行曲」が舞台上の日本人捕虜と中国人観客の合唱によって歌われるシーンがある（韓 2013：431）。このように、左翼陣営のみならず、重慶の国民政府からも聶耳の楽曲は抗日歌曲として利用されたのである。

　彼の曲は、中国国内にとどまらず、国境を超えて歌われる。中国のキリスト教青年会で抗日救国歌曲運動を組織していた劉良模は1940年にアメリカに渡り、黒人声楽家のポール・ロブソン（Paul Robeson）と知り合い、ロブ

ソンが「義勇軍進行曲」など中国の歌を三曲吹き込んだのである（劉 2011）。キーノート・レコードから発売されたレコードではロブソンは中国語と英語の両方で同曲を歌っている（Robinson 2006：向 2011a）。

　アメリカにおける「義勇軍進行曲」の拡散はこれにとどまらなかった。日本の侵略に抵抗しようとして立ち上がる中国の農民を描いたパール・バックの同名小説を原作とするMGM映画『Dragon Seed』（1944）でも、同曲が挿入歌として使われたのである。1945年1月23日、同曲の使用料は聶耳の母・彭寂寛に届けられたという（向 2011b）。

　さて、話を中国の状況に戻すと、国共内戦において共産党の勝利が確定的となった1949年10月1日、中華人民共和国の建国が宣言された。これに先立って9月21日に中国人民政治協商会議の第一期全体会議が北平（北京）で開かれ、「義勇軍進行曲」を仮の国歌と定めた。1958年には伝記映画『聶耳』も制作されている。だがその後、文化大革命が勃発すると、作詞の田漢が批判され、この曲は歌うことができなくなる。田漢が名誉回復するまで他の歌詞を付けられることもあったが、田漢が1979年に名誉回復した後の1982年に元の歌詞の「義勇軍進行曲」が中国国歌であると定められ、2004年の第10期全国人民代表大会第2回会議において、「義勇軍進行曲」を国歌とすることが憲法にも記されることが決定した（岡崎 2015：247-255）。

　ところで、先に見たように、抗日戦争中においては「義勇軍進行曲」は左右の別なく（あるいは国民党・共産党の立場を超えて）抗日歌曲として愛唱されたが、2014年、「義勇軍進行曲」をめぐって物議を醸す出来事があった。台湾で政権を担っていた国民党で要職を務めた重鎮の郝柏村のインタビューを中国中央電視台が放送したが、その中に彼が「義勇軍進行曲」を歌う映像が含まれていたのだ。『自由時報』『蘋果日報』など各種台湾メディアは7月8日付の記事でこの問題を大きく取り上げ、当時野党だった民進党の議員も中国大陸の「国歌」を歌うのは不適切だとして批判した。だが、実際に中華民国軍の軍人として日中戦争を戦い抜いた郝にとって、この曲を口ずさむことは何ら不自然なことではなかったはずである。彼はメディアの取材に対し、抗日戦争当時、この曲は（中国で）誰もが歌った歌だと弁解している。

　ともあれ、聶耳の死後、特に抗日戦争のさなか、聶耳と彼の作曲した「義勇軍進行曲」は、このように国民党・共産党の双方、さらにはアメリカでも

第7章　永遠の聶耳

メディアによって拡散され、歌い継がれてきた。そして今日では中国国歌として、その不動の地位を得るに至ったのである。

3　各地での顕彰活動

ところで、聶耳の名声は、ラジオ、レコード、映画といった複製メディアによってのみ広まったわけではない。「義勇軍進行曲」が人々に歌い継がれて中華人民共和国国歌となったため、現在でも彼の名は記憶され、各地で記念碑などが建てられたり文化遺産に指定されたりしてその功績を顕彰しているのである。ここでは彼の終焉の地から生誕の地、祖先の土地へと遡る形で各地の状況を確認したい。

まず、日本では彼の終焉の地となった藤沢市の鵠沼海岸には聶耳記念広場が設けられ、聶耳記念碑（1954年製作）や聶耳の胸像レリーフ（1986年製作）が設置されている（写真2）。

彼がその音楽活動を展開した上海にも幾つかの住居跡とモニュメントがある。まず、淮海中路と復興西路の交差点西側では、宝昌公園が聶耳音楽広場として整備され、指揮をする聶耳の像が1992年に建てられている（写真3）。

聶耳は上海では何度か引っ越しをしている。最初は、タバコ問屋・雲豊申荘があった虹口・公平路185弄86号。ここは、再開発計画で取り壊されることになっていたところ、2014年の火事で大半を消失し、かろうじて聶耳

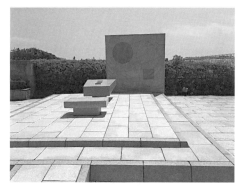

写真2　聶耳の胸像レリーフ（鵠沼海岸）

写真3　聶耳像（上海）

153

の住んでいた部分が焼け残っている状態である（岡崎 2015：61-62）。聯華歌舞班＝明月歌舞団に住み込んだ時期、そして3カ月の北京滞在を経て、聶耳音楽広場に近い現在の淮海中路に居住する。その中でも1934年末から上海を離れ日本に向かう1935年4月まで住んだ淮海中路1258号の住居は現存しており、建物の側面には「徐匯区文物保護単位　聶耳旧居」と記されたプレートが埋め込まれている（写真4）。上海にはその他にも映画会社・電通影業公司跡地に国歌展示館が2009年にオープンし、その前の広場にはヴァイオリンをかたどった聶耳のモニュメントが置かれている（岡崎 2015：260）。

映画『大路』のロケで聶耳が訪れた無錫の黿頭渚公園にも「聶耳亭」と聶耳像が建てられている。また、3カ月滞在した北京では、中央音楽学院の正門の近くに彼の顔の像が置かれている。それは彼の短い滞在とはあまり関係がなく、国歌の作曲者として聶耳を記念するものであろう。

彼が生まれ育った昆明に目を向けると、彼の生家は取り壊されたものの、近年元の姿を復元して聶耳故居陳列館として整備されている（写真5）。昆明の南西に広がる湖、滇池を見下ろす西山には聶耳の墓と像、展示室が設けられている。昆明市内にはその他にも翠湖湖畔に像と記念碑が、円通山には聶耳亭が設けられている（岡崎 2015：259）。

彼の父親の故郷である本籍地の玉渓には、市の中心部に聶耳紀念公園が開設されていたが、2006年には郊外に聶耳音楽広場が開設され、2009年に聶耳紀念館が建設された（写真6）。玉渓には他にも父母の旧家である聶耳故居などがある（岡崎 2015：260）。

ここまで、聶耳が没した鵠沼海岸から上海、昆明、そして本籍地の玉渓へ

写真4　聶耳故居プレート
　　　　（上海）

写真5　聶耳故居陳列館（昆明）

と遡りながら、彼を記念するモニュメントを確認してきた。だが、話はこれだけでは終わらない。実は関西学院大学先端社会研究所の共同研究の主な調査地域であった新平にも聶耳を記念する施設があるのだ。場所は紅河の下流域、元江県との県境に近い曼線村南蘚である。この施設は正式名称を南蘚花腰傣民俗文化館といい、「聶耳母親祖居」という看板も掲げられている（写真7）。この看板からは聶耳の母親ゆかりの施設であることは分かるが、「祖居」とはいったいどういう意味だろうか。実は聶耳の母親彭寂寛（1881-1956）は玉渓近郊・峨山県のタイ族家庭の出身である。だが彭家はもともと元江県の一部から川辺の曼線（もとは元江県に属していたが現在は新平県）などに流れてきたのだという。曽曽祖父は山の上に土地がなかったため、盆地に働きに出てきた。曽祖父・彭里和は1847年頃、曼線の南蘚村から元江県（の現在の西門村）に流れてきて人夫をする。現地のタイ族の娘と結婚し、次男・彭寿山が1851年頃生まれる。1867年頃、彭寿山の両親が相次いで死去、外地の馬幫（荷物運搬キャラバン）に加わり流浪した末、峨山県に辿り着いたものだという。従って、この南蘚は、聶耳の母は住んだことがなく、聶耳の曽祖父（母の祖父）が住んでいた土地ということになる。この土地に聶耳（とその祖先）を顕彰するための施設を作るのは、やや牽強付会の感を禁じ得ない。だが、新平の県城からも商業区である戛洒からも遠く離れたこの土地に観光客を引きつけるための材料として、中華人民共和国国歌の作曲者・聶耳を利用することは賢明な選択であるかもしれない。

　このように、聶耳を記念するモニュメントは聶耳と縁のある各地に存在し

写真6　聶耳紀念館（玉渓）

写真7　聶耳母親祖居
（新平）

ている。そのうち、昆明の聶耳故居陳列館、玉渓の聶耳紀念館が資料を展示する資料館の役割を果たしている以外は、モニュメントとしての要素が強く、それらは町おこしとしての役割を果たしているのである。

4　まとめ

　これまでの研究では看過されてきたのだが、聶耳の音楽人生は音声メディアの発展と不可分であった。本稿では、その様相を確認した上で、その死後も彼の人生や音楽は中国内外のメディアによって再現され拡散されたことを紹介した。さらに、彼の作曲した「義勇軍進行曲」が中華人民共和国国歌となったこともあり、現在でも各地に彼を顕彰する施設やモニュメントが存在している。新平県の片隅にも彼とその祖先を顕彰する施設が作られ、それは町おこしとしての役割をも担っている。生前も死後も、聶耳は複製メディアやモニュメントによる再現と深く関わっているのである。

[注]
1　聶耳は 1932 年から使用した筆名であり、本名は聶守信である。
2　日本では、古くは（齊藤 1999）、最近では（岡崎 2015）のようなフィールドワーク、文献調査に基づく聶耳の伝記が著されており、本稿執筆に際しても参照した。論文では、「義勇軍進行局」を日中関係から解読しようとする（久保 2015）もある。だが、いずれの文献もメディア史的観点は希薄であるように思われる。一方、アメリカでは（Jones 2001）の第 4 章が、聶耳らの左翼音楽家が映画などのメディアを活用して流行音楽を換骨奪胎して利用したことに触れているが、具体的なメディア革新の様相についてはほとんど言及されていない。

[文献]（日本語、中国語、英語の順）
岡崎雄兒（2015）『歌で革命に挑んだ男——中国国歌作曲者・聶耳と日本』新評論。
韓燕麗（2013）「戦時中の重慶における官営撮影所の映画製作について——「東亜之光」を中心に」森時彦編『長江流域社会の歴史景観』京都大学人文科学研究所、421-433 頁。
久保亨（2015）「1930 年代の中国と日中経済関係——国歌になる歌が生まれた時代」『経済史研究』第 18 号。

第 7 章　永遠の聶耳

齊藤孝治（1999）『聶耳――閃光の生涯』聶耳刊行会。
周東美材（2015）『童謡の近代――メディアの変容と子ども文化』岩波書店。
西村正男（2015）「「広播週報」からみる中国流行歌史」貴志俊彦他編『増補改訂　戦争・ラジオ・記憶』勉誠出版、250-258 頁。
『聶耳』全集編輯委員会編（2011）『聶耳全集（増訂版）』上・中・下、文化芸術出版社。
向延生（2011a）「美国黒人歌王羅伯遜与『義勇軍進行曲』」『聶耳全集（増訂版）』下、307-309 頁。
向延生（2011b）「美国影片『龍種』与『義勇軍進行曲』」『聶耳全集（増訂版）』下、310-311 頁。
劉良模（2011）「中国抗戦歌曲在美国」『聶耳全集（増訂版）』下、305-306 頁。
謝光庭（2011）「聶耳的外祖父是元江傣族的調査始末」『聶耳全集（増訂版）』下、540-544 頁。
Jones, Andrew F. (2001) *Yellow Music: Media Culture and Colonial Modernity in the Chinese JazzAge*, Durham. N.C.: Duke University Press.
Robinson, Greg (2006) "Internationalism and Justice: Paul Roberson, Asia, and Asian Americans", Heike Raphael-Hernandez and Shannon Steen eds., *AfroAsian Encounters: Culture, History, Politics*, New York and London: New York University Press, pp.260-276.

終　章

他者を見よ
―― グローバリゼーションを超えて

荻野昌弘

　雲南から捉える歴史と、北京から見るそれは、同じではない。たとえば、清から土司に任命されたといっても、任命された雲南の土豪は、完全に清の支配下に入ったとは認識していなかった。ただ、北京は19世紀から、20世紀にはいるとしだいに雲南も、欧米と日本という近代国家と接触を余儀なくされる。雲南では、民族間での紛争が断続的に起こってはいた。しかし、地域内における諸集団の対立状況は、「列強」の介入で変容する。とりわけ日中戦争は、雲南の対立構図を大きく変える。日本軍と国民党軍に加え、連合軍も戦闘に参加したため、日本軍司令部が置かれていた騰衝とその周辺には、各国の近代軍隊が駐屯することになった（荻野、李 2013）。こうした状況下で、雲南においても、少数民族を含むかたちで構築された「中華民族」概念が一部に広まった。中華人民共和国の国家を作曲した聶耳もそのひとりであり[1]、実質的には相対的に自立していた雲南の地域に、急速に近代国家建設に向かう流れが入り込んできていた。ただ、当時の雲南は、全体として、国民党を支持しており、そのため聶耳は、昆明を離れ上海に向かう。

　日中戦争が終わったのもつかのま、国民党軍と共産党軍が雲南において戦闘状態に入った。新平においても、当時地域を事実上支配していた李潤之の軍隊が、共産党軍と熾烈な戦闘を繰り広げた。新平も含め、雲南では、中華人民共和国誕生後も、国民党軍の抵抗は続いた。しかし、結果的に国民党軍は、台湾への逃避行を余儀なくされた。そのなかには、タイ族、ラフ族、ハニ族出身者が含まれていたのである。

1　移動の意味

デュルケームの社会概念

　雲南からミャンマーを通って台湾に逃げていく過程が、苦難に満ちたものであったことは想像に難くない。しかも、台湾に渡った「少数民族」は、戦後の台湾を支配する「外省人」ではなく、台湾の先住民と同じ扱いで、山岳地帯に住むことを強いられた。ただ、こうした過酷な移動が例外的であり、雲南のひとびとが基本的に移動せず、定住していたとはいえない。本書で取り上げた新平のタイ族の一支系がタイヤーと呼ばれ、それが「棄てられた者」を意味することはすでに指摘しているが、これはタイ族の一部が必ずしも一定の場所にとどまるのではなく、地域を転々としていたことを示している。新平の竹園村では、村人の祖先が飢えて息も絶え絶えになりながら山上にたどり着いたという創世神話が語り継がれ、祭りの根拠にもなっている。それは、遠い昔に村を築いたのは、他の土地から移動してきたひとびとであることが前提となっている。聶耳の母方の家族はタイ族の出で、新平周辺を転々としていた。生きるために、より良い土地を求めてさまようひとびとにとっては、自分たちが安住できる「社会」は、まだない。

　このような移動は、社会学においては、さほど考慮されてこなかった。すでに第1章で指摘したように[2]、それは、社会学が、社会の存在を自明の前提として、社会の正式な成員は、その社会において定住している存在であると見なしてきたからである。こうした社会像の根底には、デュルケームの社会観がある。

　デュルケームは、『社会分業論』のなかで、分業は、独立した個人が、互いの異なる能力を活かしていくために協同するのではなく、集団生活から生まれると指摘している。一つの社会のなかで、社会的な必要性が認識されて、はじめて新たな職業が生まれるのである。デュルケームは、社会の形成について、次のようにいう。

> 　さまざまな社会のまとまりが可能になるのは、その根底に信仰や感情の共同性があるからである。そして、こうした社会を基礎として、分業がその統一性を保証するような社会が発展していくのである

終　章　他者を見よ

(Durkheim 1978 : 261)。

　この箇所の前段の文で述べられているのは、社会が成立するためには、「信仰」や共通の「感情」、すなわち集合意識が不可欠であり、具体的には、それは、「血のつながり、同じ土地への愛着や祖先崇拝、慣習を共にする共同体（Durkheim 1978 : 262）」などである。デュルケームによれば、こうした集合意識があって、はじめてひとびとはさまざまな協力をすることが可能になるのである。後段の文は、社会が自立的に発展していくことを示そうとしている。
　以上のデュルケームの議論をまとめてみると次のようになる。
　公準 I 　共通の信仰（集合意識）を持つ社会が存在する（個人の結合が社会を生むのではない）
　公準 II　社会は自律的に発展する
　この二つの公準は、その後の社会学における社会概念を規定している。こうした社会観が生まれたのは、デュルケームが、「共和国」の成立から遡及的に社会の発展を捉えようとしており、社会のイメージとして国家が念頭に置かれていることに起因している。
　デュルケームは、分業の契機を人口移動と都市化（人口密度と人口の増大）に見ている（Durkheim 1978 : 275）。デュルケームによれば、村落共同体には機械的連帯と呼ぶ強固な連帯があり、そこではなかなか分業は進まない。しかし、若者を中心にして都市に人口が集中すると、村落共同体とは異なり、伝統のくびきから解き放たれて、自由な活動ができるようになる。その結果、さまざまな職業が生まれ、分業が進むというのである（Durkheim 1978 : 278）。これは、少し考えただけでも、かなり強引な論理であることがわかる。早い時期に、もっとも包括的に分業について論じたのは、いうまでもなく、アダム・スミスである。『国富論』は、分業論から始まっており、スミスが、分業に与えていた重要性がわかる（Smith 1776）。スミスは、分業を人間の交換する性向の帰結として捉えているが、デュルケームは、アダム・スミス以来の交換と分業との関係性を捨象した。その代わりに、都市化によって分業を説明しようとしたのだが、都市化を職業の分化の要因とすることには、無理がある。分業が進んだ結果、新たな労働者の需要が生じ、地方から都市に人

口が流入すると考えることも可能だからである。

　ただ、別の視点から見れば、デュルケームは都市化と人口移動について無視することができなかったとも考えることができる。デュルケームは、実は移動の重要性を理解していたが、社会の自律的発展を公準としたため、それを社会という大前提のなかでのみ理解可能な現象と見なさざるをえなかったともいえるからである。つまり、デュルケームは、みずからもその重要性を認識していた移動を、社会概念のなかに封じ込めてしまった。その結果として、デュルケームの社会観においては、定住の原則に基づいた移動のみが合法的となった。それは、近代国家の定住原則と合致しており、デュルケームの社会像が近代国家をモデルとしたものであることを示しているのである。

タイ族の移動

　デュルケームの社会像とはうらはらに、第1章で指摘したように、一般的に、伝統的王国は、王国内の住民を完全に支配することや、王国という同一性への帰属意識をもたせることにさほど関心はなかった。たとえば中国の古典王朝では、課税は土地に対して行われるので、土地を実際に耕作している小作農民を直接政治的に支配するための制度整備には、大きな関心は払われなかった。西南中国において存在した土司制度も、直接に住民を統治するのではなく、土司に任命された地域の豪族が実質的な支配をしていた。

　こうしたなかでは、住み慣れた土地をあとにして、移動を余儀なくされるひとびとが常に生まれる。タイ族の支系であるタイヤーやタイサーは、「棄てられた者」「砂上にある道の者」を意味する。これはどこか別の土地から移動してきたことを示す呼称である。実際、タイヤーやタイサーは小盆地に住んでおり、これはタイ族が新平県に住みはじめたのが、他の民族に比べ、最近のことであることを示している。というのも、高地に比べ、小盆地は災害や疫病によるリスクが高いので、けっしてひとが住むのに適しているわけではないからである。高地においても、近年頻繁に起こる土砂災害の被害を受けるのはタイ族の集落であり、これも、タイヤーやタイサーが新平県に住みはじめたのが、より安全な場所を選んでいたイ族やハニ族よりも最近であることを示している。

　実際、シプソンパンナーのタイ族と新平県のタイ族の文化的特質は、大き

終　章　他者を見よ

く異なる。シプソンパンナーのタイ族は仏教を信仰しており、どの村にも寺があって、伝統的には、法事が大きな意味を持ち、仏僧が大きな影響力を持っている。たしかに、1990年代から、仏寺の影響力は衰えつつある。かつては仏寺で教育が行われていたが、学校教育制度が確立して以来、仏寺での修行をめざす者は急速に減少している。それは、学校教育が義務なので、出家して、仏寺での教育を志す場合、寺と学校の両方の教育を受ける必要があり、それだけでも大変だが、寺の修行は、仏典を理解するため主にタイ語で行われるのに対して、学校では中国語が中心となるため、異なる言語での教育を同時に受けていかねばならなかったからである（荻野 1996：84-85）。今日こうした状況は、僧侶養成教育が、義務教育を終えた者に対して、僧侶養成校で行われるようになったため消滅した。同時に、都市では仏寺の観光地化が進み、従来のタイ族における仏教信仰とは異なる様相を呈するようになった。ただ、いずれにせよ、シプソンパンナーにおいては、仏教が大きな社会的位置を占めていることに変わりはない。

　一方、タイヤーやタイサーは、仏教を信仰していない。村を訪れた者の手に赤いひもを結びつけ、魔除けの祈りをするなど、仏教とは異なる独自の信仰を持っている[3]。また、かつては、女性は必ず腕に入れ墨をする慣習があり、これに関してはいろいろな説明がなされているが、社会学的に明らかなのは、それが女性を集団内部に確保するためのスティグマの一つだという点である。これは、かつてのムン連合の時代から続く信仰や慣習と、そこから離脱したと推測されるひとびととのあいだには大きな懸隔が生じている点を示している。

　ピエール・クラストルの南米に関する古典的研究を契機として、近年では、ジェームズ・C・スコットのように、国家という統治形態から外れて生活するひとびとに注目する研究が存在する（Scott 2009）。たとえば、リチャード・オコナーは、ムン連合の農民は「山地の農民には、徭役の義務がなかった」ため、高地に移動し、焼畑農業をはじめたという（O'Connor 2000：434）。この視点に基づけば、タイヤーやタイサーのような存在は、タイ族が多く住むシプソンパンナーから、おそらくは生活苦や徴税忌避などの理由で流出してきたと推測できる。

　とりわけ、スコットは、現在の西南中国から東南アジアに至る一帯を「ゾ

163

ミヤ」と呼び、そこに成立した国家と国家から逃亡する集団との関係から、タイヤーのような集団を捉えようとしている。ただ、この議論は近代国家と非近代国家を混同する傾向にある。また、あくまで国家との関係においてのみ移動民や流民が構成する集団を捉えているが、あらかじめ伝統的国家があり、そこから離脱した移動民が生まれるという図式は単純に過ぎる。世界的に見れば、軍備や徴税システムを兼ね備えた王国のような統治制度自体、普遍的な形態とはいえない。国家のような統治形態をあえて構築しないひとびとが形成する社会が多く存在しており、そこに社会の基本的な動態が存在する。そして、この点こそ、クラストルが『国家に抗する社会』で強調した点である (Clastres 1974)。したがって、国家を作らないひとびとが編成する社会も視野に入れたかたちで社会を研究し、社会の基本形態を捉えていく必要がある。それは近代国家という外在的な制度以外のところで論じられるべきなのである。

2　同一性の連鎖

山に生きるひとびと

　本書で主に扱ってきた雲南省新平県の「山上」のひとびとは、独自の社会を営んでいた。日本の村落を事例として、この点について論じているのが宮本常一である。宮本は平地と山中を分け、それぞれの世界は大きく異なっていたという。「(山中の村は) 平地の水田耕作村とはおよそ生活のたて方がちがって」おり、「山中の村を、平地の者はほとんど自分たちに共通する世界とは考えて」おらず、「まったく治外の民であった (宮本 2014：223)」。山中の民は、稲作ではなく、狩猟採集や焼畑農業、あるいは、ろくろを用いて木の器を作る木地屋のような職人など、さまざまなタイプが存在した。山中の民は、独立志向が強く、近世初期の幕府による討伐によって、その力が削がれるまでは、外部権力による支配を受け付けなかったという。また、山中の民が、従事する生業の性格から、土地を転々と移動する傾向にあったことはいうまでもない。

　沖浦和光らが研究したサンカは、明治以降も山中を移動していた民で、沖浦によれば、江戸後期から明治期にかけて「幕藩体制の構造的な危機の時代

に、その大波をもろに受けて農山村で発生した「無宿」「さまよいありく徒」が（サンカの）源流になったと推測される（沖浦 2012：263）」。サンカは、飢饉などで土地を手放さざるをえず、その後漂泊民となり、川魚漁と竹細工で生活することになった農民たちだというのである。

こうした漂泊民は、新平県でも歴史的に見れば、もっとも環境が劣悪だった夏洒小盆地で、紅河における川魚漁や竹細工で糊口を凌いでいたタイサーと酷似している。現在、夏洒は精糖業や観光開発が進んでいる。夏洒近郊のタイサーの村が国際機関の援助によって貧困から脱却したと聞くと、都市近郊であれば、換金作物などの栽培によって、山上の村落よりも豊かだったはずであるのに、なぜ援助を受ける必要があったのかと考えがちである。しかし、紅河の氾濫による水害や疫病などによって、夏洒小盆地はけっして住みやすい環境にはなかったという歴史的事実を知れば、援助が必要だった理由も理解できる。

宮本らの日本に関する知見と、新平県における調査結果を併せて考えると、次のような点が明らかになる。

Ⅰ　移動と定住——人間の生活形態は、移動とある特定の場所への定着から成る。平地の稲作など土地の耕作が重要な意味を持つ生業形態は、安定的な生産が可能になればなるほど、定着を促す。そして、安定的生産を保証する軍備と生産物に対して徴税するシステムの編成を可能にする中心的な権力が確立する。一方で、こうした権力の中心とは別に、常に移動するひとびとが存在する。移動は、自然災害や戦災などの広義の災害や、災害がもたらす飢饉を契機としている場合がある。また、すでに何らかの中心的権力のなかで生活していながら、徴税逃れなどさまざまな理由でそこから離脱し、移動生活に入る場合もある。もちろん、狩猟採集や牧畜を生業として、移動生活を伝統的に行うひとびとも存在する。

移動後、新たな生活の場所が見つかると、そこに定着するひとびとと、常に移動し続ける漂泊民との二つに分かれる。沖浦が研究対象としたサンカは、漂泊民のカテゴリーに入る。

Ⅱ　交換と互酬的関係——宮本常一は、下北半島を例にとりながら、「きびしい自然」にある社会は交易によって生活をするため、分業せざるをえないという（宮本 2012）。宮本は、厳しい環境下で、畜産や鉱山、漁労などに

165

よる生産品を村落外で売るために、しだいに村の内部において合理的な分業体制が成立し、生産品を問屋に集め、それを運送するシステムが構築されていったという。そもそも、分業は、村落共同体外部との交換を通じて始まる。社会の根底に、社会を成立させる集合意識が存在しているので、それを欠いては、社会における分業は進まないというデュルケームの説は、社会を社会の「外部」との関係において捉えるという発想が欠けていたのである（荻野 2016：21-22）。本書で取り上げた新平県においても、中華人民共和国誕生以前は、ハニ族やイ族を中心とした山上の村と、タイ族中心の小盆地とのあいだで交換が行われており、互いに異なる生産物を交換するシステムが確立していた[4]。

　もちろん、分業と交換システムが確立する以前には、共同体間で抗争があったことは疑いない。日本の山中の民と雲南の山中の民（現在のイ族）がともに「好戦的」性格であるとされているのは、山で生きるひとびとのあいだ、そして山中の民と外部の集団とのあいだに闘争の事実があったことを推認させる。

秩序形成から同一性の連鎖へ

　「民族」であれ、「支系」であれ、それ以外の統一性を表現する概念、たとえば「氏族」や「部族」であれ、集合体内部から内発的に生まれたのではなく、中華人民共和国の民族識別工作のように、国家権力のような外部からの「知」によって構築されている。エチエンヌ・バリバールは、そもそも国民・民族（nation）は実体としてあらかじめ存在しているのではなく、ある集合体が「国民化」されるにしたがい、その文化的同一性が構築されていくという（Balibar 1988）。つまり、国民・民族の文化同一性は遡及的にあたかも以前からあったかのように創られるのである。

　19世紀の「イ」や「ロロ」と呼ばれた民は、みずから「イ」族、「ロロ」族と自己認識していたわけではなかった。19世紀後半に、宣教師として雲南に滞在していたアルフレッド・リエタールは、当時中国語で一般的だったロロという呼称の起源について、中国人による蔑称であるなどのさまざまな見解を紹介したうえで、ロロは一部族の名称であり、それが「ロロ」と呼ばれる「民族」に一般化したものだと結論づけている。また、アヒ、サニな

終　章　他者を見よ

どの呼称は別の「ロロ」の部族名称であるが、「サニ（族）は、アヒ（族）である」とのアヒのひとびとの証言に言及しながら、アヒがサニやロロのような他の部族を指すときに、（彼らもまた）アヒであるというのは、サニやロロが同一の集合体に属していると認識していることを示すと指摘している（Liétard 1913）。ただ、アヒやサニにとって、自集団はアヒやサニであり、ロロではない。また、それは「民族」や「部族」のような普遍性を志向する概念として、客観的に把握されているわけではない。あくまで、近隣の他者との関係において、ロロ、アヒ、サニなどという集団の名称を掲げているにすぎない。超越的概念としての民族を参照しながら、自集団をロロであると認識しているわけではないのである。（個別部族としての）ロロにとって、アヒやサニもロロであり、いわば世界はロロか、ロロ以外の人間に値しない存在、もしくは敵である。ちなみに、ロロは奴隷制を敷いていたことで有名で、奴隷となるのはロロ以外、主に漢族であった。

　祭りは、世界が自集団のためにあることを示す絶好の機会である。第3章で取り上げた竹園村の祭りでは、まず龍神（水の神）への返礼として豚などの供物を捧げるなどの一連の儀礼ののち、踊りなどの熱狂状態が続く。ここで、龍神のような信仰する神々や祖先との関係性こそが重要であることが示される。祭りが生む一体感はあくまで感情的なものであり、祭りを根拠づける神話は、共同体と信仰対象である神々との関係を記述する。また、祭りのときに女性たちは、晴れ着の衣装で踊る。祭りは何よりも、村のなかで龍神との関わりを再確認し、いわば神々と象徴的に交換するために行われる。象徴交換によって維持される秩序は、神々や祖先の霊などへの記憶を定期的に喚起する点で追憶の秩序と呼ぶことができる（荻野 1998）[5]。

　追憶の秩序は、祖先への記憶を喚起することによって成り立っており、祭りはその再確認のための儀礼である。同時に、この儀礼を通じて、個人による一定以上の消費を許容しない余剰回避の原則を再確認する。村には、必要以上に財を求めないような構造が存在し、祭りにおける供犠で、村人は富の象徴としての豚を共食し、消費の限界点を再確認する。富の大量消費を、あくまで集団で行うことで、個人による富の蓄積と消費に強い制限を設けるのである。

　祭りにおいて富を共有し、富をもたらしたと想定されている神々への信仰

167

を再確認することで、村こそが世界であるという意識が高められる。村人とその祖先とのあいだに象徴交換が繰り広げられ、村の外部は捨象されてしまう。そして、村が帰属している集団＝ロロやサニなどと同様の意味を持つニスーは、もはや問題とはならなくなる。なぜなら、祭りの熱狂のなかで、村の外部は雲散霧消してしまい、他の村や部族との関係を示す名称は意味を成さなくなるからである。こうして、村は、結果的に外部を「排除」する。ただし、それはあくまで捨象であり、外部を取り込む包摂と対になった排除ではない。

　村がほぼ孤立した状態にあれば、他の村と競合し、抗争が起こることはない。しかし、現実には、そうした状態は、ほとんどありえない。ただ、少なくとも、新平県においては、それが大規模な紛争に至ることはなかった。それは、地域が地形的に孤立しており、外部からの侵入が容易ではないという客観的条件に由来するだけではない。村落や部族には、それぞれの名称がある。しかし、たとえば、ニスーであれば、ニスーはニスーであると同時に、サニであり、また、サニはロロである。したがって、ニスーはロロであるといった同一性の連鎖が構築されている。A＝B＝C…という関係が無限に広がる同一性の連鎖に終わりは見えないので、ニスーにとっては、サニもロロもニスーであり、世界は、ニスーの世界となる。とはいえ、いくら孤立していると言っても、敵が侵入してくることもありうる。その場合には、敵を撃退しなければならない。「ロロ」が「好戦的」と言われていたのは、同一性の連鎖によって構築された世界が破壊される危機に瀕したときに、敵に対して徹底抗戦していたからである。

3　他者を見よ──排除と包摂の論理を超えて

国家と境界

　同一性の連鎖によって構築される秩序において、厳密な意味で他者は存在しない。一方、近代国家は、国家への完全な帰属を「同一性」として捉える。これは、国家が厳格な境界を引き、国家の内と外を分けることによって可能になる。つまり、外部と内部の厳格な区別を前提としてのみ、国家への同一性は可能になる。したがって、ある社会において「国籍」を有しない存

在、ある特定の国家への同一性を有しない存在は、「他者」となる。他者は、状況によって排除されたり、包摂の対象となったりする両義的な存在である。現代世界において、大きな問題となっているのは、この両義的存在をいかに捉え、扱うべきかである。

　国境の設定＝他者の認識は、単に他者を認識したということではなく、領土の拡大と密接に関わっている。領土を拡大するために、ヨーロッパ内部（特に西欧）に成立した国民国家のあいだでは、境界をめぐる闘争が始まり、二つの国家のあいだを行き来して、帰属先が定まらない地域が生まれる。また、近代国家の存立に関わる国境は、戦争を契機として変化する。つまり、国境は、完全に固定されているわけではなく、移動することが前提とされているのである。

　国境の移動は、同時に社会変動を引き起こす。境界が変化することで、そのはざまに生きるひとびとは、翻弄される。国家自体が、他者との関係において構築されていく点を考慮していない、デュルケームの社会に関する公準Ⅰ、Ⅱに準拠しているだけでは、こうした点を捉えることはできない。確定した境界内の集合である「社会」ではなく、戦争などによって引き起こされる境界や空間の変容、境界の変容によるひとびとの移動などが、社会を作っているからである。この意味で、戦争が社会を生みだしており、こうした視点から社会を捉え直す必要がある（荻野 2013）。

　また、西欧諸国の領土拡大のための攻撃対象は、西欧内部にとどまらない。すでに第1章で見た通り、領土拡大の欲望は、ヨーロッパ外部にも注がれる。植民地化とは、それまで国境が設定されていなかった他者の土地を、場合によっては、暴力も行使しながら占有し、境界を設定することである。それは、異質な存在、野蛮な存在の住む地域への単なる侵略ではなく、植民地にしようとする地域に住むひとびとを「理解」するために、その「文化」を表象しながら、権力関係を構築していくことを意味する。

　植民地の形成は、植民地と宗主国とのあいだに支配関係に基づく第一の境界を引くと同時に、宗主国と植民地以外の地域との間に明確に第二の境界を引く。その結果、西欧内部の国民国家ではなく、その植民地でもない、第三の地域も明確に認識されるようになる。それは、いずれ植民地や勢力圏内に取り込まれるか、そうでなければ敵対する可能性がある境界外地域である。

第二の境界が可視化されることで、それまでは縁のなかった世界が、支配の可能性のある地域として明確に意識されるのである。

境界の位置が移動すると、誰が他者なのかという他者認識にも変化が生じる。たとえば、それまで境界外だった地域が、ある国家によって植民地化されると、宗主国と新たな植民地は、同一の集合に帰属するようになる。しかし、植民地の住民が、完全に宗主国の国民と同等の資格を得るわけではない。宗主国と植民地のあいだには厳然とした境界が存在し続ける。この元々存在した境界を第一の境界とし、宗主国と植民地を一つの集合と捉え、これとその外部とを隔てる境界を第二の境界とすると、いずれの境界が注視されるかによって、植民地住民の社会的位置が変わる。第一の境界が注視される場合、植民地と第三の地域は、宗主国にとって、いずれも他者である。また、第二の境界が特権視される場合には、宗主国と植民地とは、同一の集合に帰属するとみなされる。宗主国にとって、植民地は、あるときには、境界内に包含され、あるときには境界外に排除される存在となるのである。

このように、第一の境界と第二の境界の二つの境界が使い分けられることによって生まれる両義的存在こそ、特に他者性を担った存在である。植民地は、この意味で、典型的な他者である。植民地あるいは支配される側にとっても、支配者は他者であり、闖入者でもある。ただし、境界設定の主体は宗主国であり、植民地は宗主国が設定した境界には元来何ら関心はなかったはずであるし、またそれを積極的に認めてもいなかったはずである。境界の設定は、多かれ少なかれ恣意的なのである。したがって、植民地とされた地域は、宗主国による境界設定を完全に容認したわけではなく、必ずしも世界を宗主国の引いた境界に基づいて認識しているわけでもない。

他者と記号論理

両義的他者が社会編成に置いて意味を持つにつれ、それに対応するかのように新たな論理学が登場する。それが記号論理である。長い間、「AまたはBに属する」という存在様態と、「AかつBに関わる」という存在様態は、異なる論理によって律せられており、この二つの存在様態を同一の論理で捉えることはできないと考えられてきた。

しかし、19世紀になって発達した記号論理学では、それが、同一の論理

式で捉えられるようになる。というのも、「AまたはB」という論理式の定義が変わったからである。記号論理学以前の論理学では、日常言語と同様の定義が成されていた。しかし、記号論理学では、そうした定義を採用しない。それでは、記号論理学における「AまたはB」は、どのように定義されるのだろうか。

　記号論理学における「または（or）」には、三つの「真」、つまり「または」と呼べるパターンがある。ひとつめは、Aに属しているが、Bには属していないというパターンである。次に、Bに属しているが、Aには属していないパターンがある。この二つは、日常言語の「または」と同じである。しかし、記号論理学における「または」には、これに加えて「AかつBに属している」場合も含まれる。したがって、AもしくはBに帰属する者だけでなく、AかつBに属する者も「または」と表現されうる。

　記号論理学以前の「または」の定義（「AかつB」を含まない）は、排他的選言（exclusive disjunction）あるいはXORなどと呼ばれている。これに対して、記号論理学における「または」は、包含的選言（inclusive disjunction）、もしくは単に「選言」あるいはORと呼ばれる（小松 1997）。

　「排他」と「包含」という二つの選言は、「排除」と「包摂」という社会学などで用いられている用語とまったく同じではない。排除と包摂の論理は、記号論理学以前の排他的選言に基づいており、ある社会が排他（排除）的であるか、包含（包摂）的であるかの判断は、「排他」的である。すなわち「AかつBに属している」場合を想定していない。したがって、社会に完全に属していない他者を排除する社会か、他者を排除すること（＝暴力を行使すること）で、秩序を回復するXORの論理を最終的には否定する社会のいずれかが存在するのみである。後者を基礎付ける倫理として、今日流布しているのが「共生」である。共生か、他者を排除する「ナショナリズム」かという対立軸に、社会学理論も概ね依存している。

　しかし、近代国家は、「AかつBに属している」存在を構造的に生み出す。ある集団にのみ忠誠を誓う存在だけではなく、複数の集団に属そうとする存在を必然的に生み出し、そのどちらも認めていく。「AかつBに属している」という存在様態も「真」であるような真理の世界が、そこにはある。ある特定の集団に帰属しているか、あるいは複数の集団に帰属しているかは問

題ではなく、それは、同様に「真なるもの」として扱われるのである。これは、記号論理学における「または（OR）」の論理式（選言）によって律せられている世界である。前節で、「第一の境界と第二の境界の二つの境界が使い分けられることによって生まれる両義的存在こそ、特に他者性を担った存在である」と指摘したが、ここでいう両義的存在と、「または（OR）」の論理式（選言）は重なる。そして、ここにこそ、排除と包摂の社会学理論を超える鍵がある。

移動するひとびと

　今日、「移民」と呼ばれるひとびとは、まさに両義的な存在である。これらのひとびとは、国家による国境の監視によって、国境を越えることを許可されたり、阻まれたりする。合法的にある国家に滞在している移民や外国人であれ、法を顧みず国境を越える越境者であれ、両義的な存在であり、両義的な存在として生活せざるをえない。いいかえれば、社会において、完全には正式なメンバーシップを得ていない。また、両義的存在は、国家の政策によって、「排除」されたり、「包摂」されたりする。

　他者との「共生」を説き、寛容を主張する思想も、結局は、国家が排除と包摂のあいだで揺れるなかで、国家の枠組みにおいて、他者を許容しているにすぎない。「排除的」思想に抗して、共生を説くのはたやすいが、社会が排除と包摂のあいだで揺らぐような制度＝国家を大前提として成立している以上、共生を安定的に確保することはきわめて難しい。ある国家内における他者の地位は、国家の政策や、国民が絶えず構築する他者像のあり方によって変わっていく。この絶えず構築される他者像こそ、他者に対する社会の態度を左右する。

　新平県の村落のような集合体では、厳密な意味では他者像は存在しない。すでに見たように、同一性の連鎖によって、他者の存在は捨象されてしまうからである。しかし、近代国家においては、国家や民族がみずから表象する自己像と、国家外部を表象する他者像が対になって、集合表象が形成される。そして、自己像への執着が高まれば高まるほど、否定的な他者像が支配的となる。この自己像への執着がナショナリズムを生むと同時に、両義的他者の排斥運動につながる。一国家内における社会的排除は、こうした簡単な図式

によって解釈できる。

他者浸食論

　そもそも、国家や民族の自己表象はデュルケームのいう集合表象であり、それは自己準拠的性格を有している。近代国家にかぎらず、ほとんどあらゆる集合体は、その起源を自己準拠的に措定しており、集合体が、みずから正統であると認めた起源、すなわち神話がそのまま承認されるので、それ自体、真の意味で信頼すべき起源なのかどうかを問うこと自体には意味がない。われわれが調査した際、新平県の花腰タイ族の女性は、しきりに「われわれは貴族の末裔である」と主張していたが、第2章で指摘したように、その事実を示す証拠は何もない。しかし、いくら実証的な根拠がないことを説いても、女性は納得しない。女性は花腰タイ族の現在の自己表象を信じており、それは疑いえないものとしてある[6]。

　ただ、こうした自己像への執着は、すぐには他者の否定や、他者への暴力には転化しない。自己像への執着が、他者への否定につながるのは、すでに他者像を形成している国家においてである。自己像という集合表象の排除的性格が明らかになり、現実に社会が他者を排除するのは、国家秩序においてなのである。自己像である国家創設神話は、自己準拠的な性格を持っているため、そこに由来するナショナリズムは、元来、その神話の絶対性を称揚するものだった。そのため、国家や国旗に始まり、国家の絶対性を演出するさまざまな装置が設けられた。ただ、今や、こうした国家演出装置による国家の称揚は、ほとんどの国家において、時代錯誤にしか見えない。『毛沢東語録』も毛沢東のバッジも、中国では夜店で売られているにすぎない。

　現在、ナショナリズムは、国家創設神話に言及するのではなく、国家が、他者によって浸食されている点を強調する。「在日特権」という外国人に特有の権利があることを主張したり、仏国民戦線のように、「フランスをフランス人の手に」とあたかもフランスが外国人の手に渡ったかのような主張を掲げたりする。戦後の歴史解釈を「自虐的」とするのも、他者浸食論の流れのなかにある。

　他者浸食論は、いわゆるグローバリゼーション論と対になっている。近代国家は、その領土の内と外を厳密に区別する境界＝国境に囲まれた空間であ

る。しかし、1990年代から、ヒト、カネ、モノ、情報が国境を越えて行き交う現象が加速化しているとして、これがグローバリゼーションと呼ばれるようになった。そして、文化的多様性をもたらす点で、これを肯定的に捉えるひとびとが存在した。「ボーダレスの時代の到来」「地球はひとつ」といった、今では死語になりかけているスローガンがまことしやかに唱えられた。しかし、文化的多様性は、実際には資本主義経済と結びついていた。

モノが商品となるとき、多かれ少なかれ、それは文化的特質を帯びる必要がある。それは、時間的もしくは空間的差異によって創出される。時間的差異とは、過去に存在していなかった「文化」を創出することであり、自動車や電化製品などが未来の文化の現在における実現として登場したのが、その典型例である。この時間的差異による商品の創出は、「近代化」の象徴と見なされてきた。一方、国家内部に存在しない文化的特質を持っていることが示されることによって、つまり空間的差異によって価値が生じる商品も存在する。もちろん、一国内だけで、空間的差異が創出されることもありうる。また、ある国家において、時間的差異によって創出された商品が輸出され、空間的差異を帯びることもあり、差異の創出には、さまざまなパターンがあるが、モノの商品化には、文化的特質が不可欠である。しかも、それは、概ね国家という枠組みにおいて付与される。

そもそも、17世紀に登場した、国家の富は貿易差額によって増減するという重商主義は、国家を富を創出する基本的単位としていた。これは、自国にない他国の物品を輸入するよりも、自国の物品を他国に輸出するほうが望ましいという主張だった。それは、自国の文化を他国に輸出することによって、富の増大を図ろうとする経済思想である。18世紀にアダム・スミスが貿易ではなく、国内市場を確立するほうが国家の富を増大するうえで意味があるとして重商主義は否定されるが、国家を基本的単位として、経済を捉えている点では重商主義と変わりはない。つまり、資本主義経済は、当初から国家を基本的単位としている。したがって、国家が秩序維持の基本単位として強固になればなるほど、資本主義経済が世界的に拡大するのである。国家が強固になるとは、国家が閉鎖的になることではなく、国家が自己像と他者像を明確に構築しており、これに基づき、モノを価値づけるシステムが確立していることを意味する。

同一性の連鎖の可能性

　商品となった産品は、それが商品である限り、ほとんどの場合、拒絶されることはない[7]。なぜなら、商品の文化的特質は、商品を輸入する国民の判断基準によって、文化的価値があるとされるからである。つまり、「異文化」の輸入の根拠は、市場を左右する国民文化の識別にある。また、資本主義を支える商品交換は、対等な交換でなければならない。そして、原則的に交換相手を選ばない。利潤が得られるのであれば、積極的に見知らぬ他者と交換しなければならない。

　一方、個別的な商品ではなく、外部からやってくるヒトの場合には事情が異なる。ヒトは衣食住の生活総体とともに存在している。その都合のいい部分だけを選択することはできない。もちろん、移民は、移住先の文化に適応しようと努力するが、完全にみずからの文化圏を否定することはできない。ここに、移民そして他者への差別が生まれる素地がある。

　近年の他者排斥の動きは、国民文化＝伝統による社会関係の制御が解体しつつあるという危機意識に起因するだけではなく、異文化を担う他者と対等に関係を築くことへの忌避から生じている。したがって、他者の忌避、あるいは他者による浸食への不安は、人間はみな平等であるという思想によっては払拭されない。

　むしろ、本章で同一性の連鎖と呼んだ、他者のなかに自己との親和性を読み込んでしまう性向のなかに可能性がある。それは、人間という抽象的な普遍概念によって、個々の存在の同一性を認識するのではなく、そうかといって、他者をまったく異質な存在として排除するのでもない。そうではなく、他者との親和性において自己を捉え、対立を孕みながらも、他者とのあいだに互酬的関係を構築しうる可能性を見出そうとする。また、それは、いたずらに他者と交流することではない。沈黙交易のように、あえて必要以上の交流を避けながら、他者と並存することもありうる。モースが「贈与論」において取り上げたトロブリアンド島の贈与交換形態であるクラも、装飾品を定期的に贈答することで、部族間の関係を調整している事例と捉えることができる。贈答は、部族の生産物を他の部族に共有してもらうための行為であり、同一性の連鎖を促す営みだからである。

　新平県で土砂流があったとき、それによって家が流されたタイ族集落の被

災者たちは、新たな居住先をイ族集落に隣接した場所に求めた。今では、イ族の村と通りを隔てた場所に新たな村が建設され、イ族とタイ族はまさに並存している。こうした災害復興が可能になったのは、必要以上の交流をあえて行わないような慣習があったからである。

4　エピローグ

　本書の編者ふたりは、2017 年、22 年ぶりにシプソンパンナーを訪れた。そして、中心都市の景洪から車で 30 分ほどの村に向かった。それは、以前に、数日間滞在したときに出会った一家族と再会するためであった。当時撮影した写真には、いずれも 10 代の男子一人と女子三人が民族舞踊を披露しているところが写っている。この写真だけを手がかりに、家族を捜すのである。村は大きく変貌しており、いまやそれなりの規模の町になっていた。ある店舗で写真を見せると、写真の男の子を知っていると店の者は言い、家は以前と同じ場所にあると教えてくれた。以前は、家の周りには、建物はなく、背後には草むらがあったが、現在、道路は舗装され、店舗が建ち並ぶ裏手に、以前と同じような伝統的な高床式の住居があった。階下にいた老婆に写真を見せたが、写真の人物には見覚えがないと言われ、隣家に行き、同じように写真を見せると、30 代なかばほどの女性が、これは私だと叫んだ。彼女は、写真のなかの女子のひとりだったのである。彼女の説明によると、写真に写っているのは彼女の兄と姉で、ふたりは現在景洪に住んでいる。もうひとりの女子は姉の同級生で、いまも村に住んでいると言う。彼女がちょうど友人たちとメコン川のほとりでバーベキューをしていると言うので、われわれも宴たけなわのなかに飛び込んだ。彼女たちは、当時と同じように、ふたりで民族舞踊を踊ってくれた。そのあと、景洪に戻り、今度は、姉（長女）が経営するレストランに向かった。食事に招待されていると、かつてわれわれを歓待してくれた三兄弟の両親もやってきた。22 年ぶりの再会にみな喜んだ。しばらくすると、ひとりが言った。「また 22 年後に」。時の隔たりが、親密な関係を生むのである。

終　章　他者を見よ

[注]
1　第7章参照のこと。
2　第1章29頁参照。
3　シプソンパンナーにおいても、仏教信仰とは別の呪術信仰は存在する。
4　第2章参照。
5　追憶の秩序は、次の四つの要素から成る構造的モデルとして捉えられる。
　(1) 記憶の喚起
　　追憶の秩序では、かつて共同体の成員であったり、共同体と何らかの関わりがあった死者の霊、神への記憶を喚起することで、共同体秩序が編成されていく。たとえば、柳田國男の『遠野物語』の舞台となった遠野のまちはずれには、五百羅漢像が彫られた自然石がある。それは、凶作のため餓死した人々を供養するために彫られたものだという。地蔵や仏の多くは、病気や災害で突然の死を迎えた者への思いが結晶化したものである。人々はそれによって身近な存在の死を何とか納得し、またその記憶をとどめることで、社会秩序の維持を図ろうとしてきた。天変地異のような不幸の精神的処理は、追憶の秩序を通じて行われていたのである。
　(2) 聖なる空間の設定
　　宗教学者のミルセア・エリアーデは、人間の生活空間には、〈聖なる中心〉があると指摘している（Eliade 1969）。エリアーデのいう聖なる中心の構築は、追憶の秩序と深く関わっている。象徴的な意味を持つ聖なる中心が構築され、天や闇の世界に棲む祖先の霊や神々の存在が喚起されることで、共同体の秩序が維持されるからである。死者の霊や神は聖なる存在であり、現世とは別の次元に存在する。これは、死者の霊を喚起するためには、死者の霊が棲む聖なる空間を設定しなければならないことを示している。遠野では、かつて六角牛山が聖なる空間とされていた。神社や仏寺も、聖なる空間、もしくは現世とは別次元に存在する空間に通じる場所であり、そこに行けば、神や仏に近づくことができるとされている。
　(3) 未知の理解システム
　　追憶の秩序では、未知のモノ、珍しいモノは死者の霊や神がもたらしたと理解することで、はじめて受け入れ可能になる。一見新奇に見えるモノも、実は共同体と関係がある点が示されて、はじめて公的に認知される。この意味で、原理的にはまったく新しいモノは存在しない。もちろん、いままで見たことがないモノに対する驚きはいつの時代にもあったはずである。しかし、それは「新奇なモノ」それ自体としては認知されなかったのである。たとえば、柳田國男が挙げている、京都あたりで仕込んだ金襴の小切を「弘法様の御衣替えなさった衣切である」といって村人に売りつける旅人の話は、村で信仰されている弘法大師との関連性を説くことで、旅人が村人の信用を得ていたことをうかがわせる（柳田［1935］1990：126）。また、フランスの社会学者マルセル・モースが論じているように、交易の相手を村の守護霊と結びつける儀礼を通じて受け入れていくトロブリヤンド島の住民にとって意味があるのは、現世と島

177

民が信仰している霊的な世界だけである（Mauss 1978）。これは、富（モノ）全般が、自力によってではなく、死者の霊、祖先あるいは神によってもたらされると了解されているからである。

(4) 霊的存在への返礼

　富が死者の霊や神によってもたらされるものである以上、彼らには借りがある。共同体の維持は、供物を通じて祖先への借りを返していくことによって可能になる。つまり、かつては、生きている者同士だけではなく、生者と死者とのあいだにも交換が定期的に行われ、しかもそれが社会秩序形成においては根源的であると考えられていたのである。

6　近年の社会学では、社会をシステムとして捉え、生物学などの知見を応用して、社会の自己組織性を説く流れがある。社会システム論は、1 社会システムには根拠がないが、2 根拠のなさが露見してしまうと社会が成り立たないため、その解消（脱パラドックス化）を図るという理論図式を提示している。こうした社会観は、花腰タイ族の女性とは異なり、起源には根拠がないことを認めている。ただ、起源そのものを記述する神話に根拠がないことが示されると、まさに民族の存在意義に疑いが生じてしまう。起源を問うときに陥る陥穽＝パラドックスが露見してしまうと、社会（システム）そのものが成り立たなくなってしまうので、常に脱パラドックス化が図られなければならない。

　また、社会システム論は、社会の自律性を前提としているうえで、デュルケームの公準 II には忠実である。一方で、集合表象の存在は想定していない。厳密にいえば、社会システム論といっても、1950 年代のアメリカなどで流行したタルコット・パーソンズの社会システム論では、価値がシステム維持において、もっとも重要であるとされていたが、その後に登場した、準拠している生物学のシステム概念も異なるニコラス・ルーマンの社会システム論では、価値や文化概念に居場所は与えられていない（Luhmann 1984）。つまり、デュルケームの公準 I は否定されている。しかし、今日、さまざまな紛争が起こっているなかで着目しなければならないのは、公準 I のほうである。

7　不買運動が起こることはあるが、それは長くは続かない。

[文献]

Balibar, É. et Wallerstein, I. (1988) *Race, Nation, Classe,* Paris: La Découverte.（若森章孝他訳（1997）『人種・国民・階級——揺らぐアイデンティティ』大村書店）。

Clastres, P. (1974) *La Société contre l'État : recherché d'anthropologie politique,* Paris: Minuit.（渡辺広三訳（1987）『国家に抗する社会』書肆風の薔薇）。

Eliade, M. (1969) *Mythe de l'éternel retour,* Paris, Gallimard.（堀一郎訳（1963）『永遠回帰の神話：祖型と反復』未來社）。

小松寿（1997）『記号論理学入門』森北出版。
Liétard, A. (1913) *Au Yun-nan Les Lo-Lo Po,* München: Buchhandlung.
Luhmann, N. (1984) *Soziale Systeme: Grundriss einer allgemeinen Theorie,* Berlin: Suhrkamp verlag.（佐藤勉監訳（1993, 1995）『社会システム理論　上・下』恒星社厚生閣）。
宮本常一（2012）『生きていく民俗　生業の推移』河出文庫。
宮本常一（2014）『山に生きる人びと』河出文庫。
Mauss, M. (1978) "Esaai sur le don", in *Sociologie et anthropologie*, Paris: PUF.（吉田禎吾他訳（2009）『贈与論』ちくま学芸文庫）。
O'Connor, R. (2000), "A Regional Explanation of the Thai Müang as a City-State", in Hansen, M.M ed., *A Comparative Study of Thirty City-States,* Copenhagen: Royal Danish Academy of Sciences and Letters.
荻野昌弘（1996）「国境を知らざる人々」杉谷滋編『アジアの近代化と国家形成』御茶の水書房。
荻野昌弘（1998）『資本主義と他者』関西学院大学出版会。
荻野昌弘（2013）「「戦争が生み出す社会」研究の課題」荻野昌弘編『戦争社会の変動と記憶　叢書　戦争が生み出す社会　第一巻』新曜社。
荻野昌弘（2016）「戦争と社会学理論　ホモベリクス（Homo bellicus）の発見」好井裕明／関礼子編『戦争社会学』明石書店。
荻野昌弘・李永祥編（2013）『戦争災害与社会変遷』雲南美術出版社。
沖浦和光（2012）『幻の漂泊民・サンカ』文春文庫。
Scott, J.C. (2009) *The Art of Not Being Governes : An Anarchist History of Upland Southeast Asia,* New heaven: Yale University Press.（佐藤仁監訳（2015）『ゾミア　脱国家の世界史』みすず書房）。
Smith, A. ([1776] 2007) *An Inquiry into the Nations and Causes of the Wealth of Nations,* http://www.ibiblio.org/ml/libri/s/SmithA_WealthNations_p.pdf.（大河内一男監訳（1978）『国富論　Ⅰ』中公文庫）。
柳田國男（[1935] 1990）「郷土生活の方法」『定本柳田國男集』筑摩書房。

索　引

【あ】

アイデンティティ……………………… 30, 105
アイヌ…………………………………… 32
哀牢山……… 29, 43, 45, 47, 53, 54, 55, 56, 57, 90
アダム・スミス………………………… 161
アヘン……………………………… 47, 48, 50, 51
阿片……………………………………… 84
アヘン栽培………………………… 34, 47, 48, 51
生贄……………………………… 63, 64, 68, 69
移住……………………………………… 95
イ族……………… 30, 31, 41, 43, 44, 45, 46, 47,
　　　　　　　　　　　　50, 55, 56, 73, 99
イ族文字………………………………… 81
井戸……………………………………… 66
移動と定住……………………………… 165
イ文長廊………………………………… 94
移民…………………………………… 34, 172
ウィリアム・ペティ…………………… 15
雲南………………………………… 26, 109
雲南民族村…………………………… 85, 87
エスニシティ………………… 105, 119, 121
エスニック・グループ………………… 105
オランダ共和国………………………… 15
オルフェウス教徒……………………… 70

【か】

カール・ポランニー…………………… 23
改革開放…………………………… 53, 62
回族……………………………… 41, 42, 43
花街節……………………………… 91, 134, 135
夏洒………… 28, 42, 43, 46, 47, 49, 50, 53, 54,
　　　　　　　　　　57, 90, 91, 155, 165

家支……………………………………… 31
過疎化…………………………………… 76
学校教育…………………………… 74, 76
観光化……………………………… 123, 129, 140
観光開発…………………………… 133, 136, 165
観光産業化……………………………… 137
漢族………… 40, 41, 43, 44, 45, 46, 47, 50, 113
記号論理……………………………… 170, 171
貴州……………………………………… 109
帰属……………………………………… 109
キャラバン………………………… 47, 48, 50, 51
玉渓……………………………… 49, 50, 148, 154, 155, 156
玉渓市……………………………… 28, 41
近代化政策……………………………… 61
近代国家………… 20, 31, 32, 162, 164, 168, 171
近代社会………………………………… 32
空間的差異……………………………… 174
供犠………………………………… 67, 70
鵠沼海岸…………………………… 150, 153, 154
供物……………………………………… 66
グローバリゼーション………… 34, 173, 174
県城…………………………………… 43, 44
紅河…… 26, 28, 34, 41, 45, 46, 90, 124, 155, 165
交換システム…………………………… 166
国民意識…………………………… 31, 32, 33
国民国家………………………………… 33
国民文化……………………………… 175
互酬の関係…………………………… 165
個人……………………………………… 20
国境…………………………………… 169
昆明……………………… 26, 48, 84, 147, 154, 156

180

【さ】

再帰的近代化……………………………… 98
菜食主義…………………………………… 70, 71
再分配……………………………………… 23
サトウキビ栽培………………………… 77, 78, 96
サンカ……………………………………… 34, 164
山上……………………… 40, 44, 45, 46, 47, 48, 49, 50,
　　　　　　　　　　　51, 52, 53, 54, 55, 56, 57
西双版納…………………………………… 42
時間的差異………………………………… 174
支系……………… 30, 41, 42, 107, 124, 125, 126, 128,
　　　　　　　　　129, 133, 138, 141, 166
自己準拠的性格…………………………… 173
自己像への執着…………………………… 172, 173
士大夫層…………………………………… 25
市鎮………………………………………… 25
シプソンパンナー……………… 24, 25, 90, 163, 176
資本主義経済……………………………… 174
社会移動…………………………………… 76
社会解体…………………………………… 119
社会学……………………………………… 32
社会契約説………………………………… 19
社会像の転換……………………………… 31
社会分業論………………………………… 160
社会変動…………………………………… 169
写真の普及………………………………… 75
上海………………………… 148, 149, 153, 154
集合表象…………………………………… 172
重商主義…………………………………… 174
重商主義者………………………………… 30
主要民族…………………………………… 107
瘴気………………………………………… 28, 49
聶耳………………… 147, 148, 149, 150, 151, 152, 153,
　　　　　　　　　154, 155, 156, 159
少数民族……………… 41, 107, 123, 124, 125, 126,
　　　　　　　　　127, 128, 129, 140, 141, 142
消費文化…………………………………… 61, 76

小盆地……… 39, 40, 43, 44, 45, 46, 47, 50, 51, 52,
　　　　　　　53, 54, 55, 56, 57, 90
食の文明化………………………………… 71
植民地……………………………………… 21, 169
ジョン・ロック…………………………… 15, 19
清…………………………………………… 26
清王朝……………………………………… 25
新平………………………………… 42, 103, 155, 156
新平県………… 28, 40, 41, 42, 43, 44, 45, 46, 47, 48,
　　　　　　　50, 53, 56, 61, 73, 101, 102, 103, 155, 165
新平県城……………………………… 43, 44, 47, 49, 90
新平大道…………………………………… 94
水塘………………………………………… 41, 43
スターリン………………………………… 106
スタンフォード・ラッフルズ…………… 21
ステヴァン・ハレル……………………… 106
スナップショット………………………… 86
生活現場…………………………………… 140, 141
生態………………………………………… 134
生態村……………… 124, 125, 126, 133, 135, 136,
　　　　　　　　　137, 139, 141
精糖業……………………………………… 165
製糖工場…………………………………… 77, 78
聖なる中心………………………………… 23
世界システム……………………………… 33
戦争………………………………………… 169
全体的社会秩序…………………………… 82, 89, 99
相互扶助システム………………………… 80
僧侶養成…………………………………… 163
ソビエト連邦……………………………… 33
孫文………………………………………… 109

【た】

タイカー…………………………………… 30, 34, 90
大家族……………………………………… 115
タイサー…… 30, 34, 90, 124, 126, 129, 131, 132, 133,
　　　　　　136, 137, 138, 139, 140, 141, 142, 162, 163, 165

181

タイサーの村	126, 136, 139, 140, 141	
タイ族	24, 26, 29, 34, 41, 43, 45, 46, 47, 48, 49, 50, 51, 90, 123, 124, 125, 129, 130, 131, 132, 133, 140, 141, 155, 162, 163	
タイ族自治県	41	
第二代民族政策	115	
大檳榔園	91	
タイヤー	30, 34, 90, 160, 162, 163	
竹細工	79	
竹園村	61, 62, 72, 73, 77, 78, 81, 167	
他者	20, 34, 168, 170, 172	
他者浸食論	173	
他者像	172	
他者認識	170	
脱政治化	115	
タバコの生産	80	
多民族国家	98, 108	
ダム建設	95	
地域開発	73, 74	
中華民族	115, 126, 127, 129, 130, 141	
中華民族多元一体構造	114	
追憶の秩序	167, 177	
テーブルマナー	71	
テーマパーク	91	
デュルケーム	160	
伝統社会	22, 32	
伝統創造	98	
伝統的国家	164	
伝統的文化	142	
伝統文化	123, 124, 125, 129, 134, 136, 138, 142	
統一された多民族国家	114	
同一性の連鎖	164, 168, 175	
騰衝	159	
トーマス・ホッブズ	17, 18	
土司	45, 46, 47, 48	
都市化	45, 54, 57	
都市開発	91	
土司制	25
土司制度	162
土地所有	24
鳥居龍蔵	27

【な】

ナショナリズム	172, 173
ニスー	61, 73, 75, 168
日中戦争	159
ネーション	30

【は】

バーマ	97
パール・バック	152
馬戎	115
排除	171
排除と包摂	16, 17, 172
花腰タイ	30, 41, 42, 46, 91, 126, 129, 131, 132, 133, 134, 136, 137, 138, 140, 141
花腰タイ族	173
ハニ族	41, 42, 43, 45, 50, 56, 95, 96, 97, 98
費孝通	114
ピタゴラス学派	70
ビモ	62, 63, 67, 68, 74, 81
漂泊民	165
仏教	163
フリードリッヒ・シラー	15
文化生態旅行村	91
文化大革命	61
文化的意義	105
文化的再開発	92
文化的同一性	32
分業	166
平甸河	94
包含的選言	171
包摂	171
ポール・ロブソン	151

ポスト近代……………………………… 32	龍神祭…………………… 61, 62, 66, 68, 72
北海道旧土人保護法…………………… 32	龍門……………………………………… 66
	両義的存在………………… 169, 170, 172
【ま】	林耀華………………………………… 112
マラリア………………………………… 49	ルイ・デュモン………………………… 22
マルクス主義…………………… 113, 115	黎錦暉………………………………… 148
マルセル・モース……………………… 89	麗江………………………………… 27, 28
曼線…………………………………… 155	レジリエンス…………………………… 55
未開人…………………………………… 21	老街…………………………… 29, 92, 94
ミャオ…………………………………… 27	老廠………………………………… 41, 50, 77
宮本常一……………………………… 164	老廠郷……………………………… 61, 73, 80
ミルセア・エリアーデ………………… 23	ロロ………………… 27, 44, 45, 58, 84, 166, 167
民族………………………… 30, 40, 106, 166	ロロ（イ）……………………………… 27
民族衣装………………………………… 64	
民族境界………………… 123, 140, 142, 143	
民族識別工作…………… 30, 31, 33, 98, 109	
民族政策……………………………… 110	
民族定義……………………………… 116	
民族的集団………………… 119, 120, 121	
民族文化表象…………………… 93, 98, 99	
民族文化広場…………………………… 93	
民族訪問団…………………………… 110	
民族村……………… 124, 125, 129, 131, 133, 141	
ムスリム………………………………… 26	
村の余剰回避の原則…………………… 81	
ムン……………………………………… 24	
ムン連合………………………… 24, 163	
漠沙… 41, 42, 43, 45, 46, 47, 53, 55, 56, 57, 95, 96	

【や】

余剰回避の原則……………… 72, 75, 77, 89, 167

【ら】

ラフ族………………… 41, 42, 43, 46, 47, 50, 56
李潤之………………… 29, 47, 48, 50, 90, 93, 102, 159
リス……………………………………… 27
龍樹………………………… 63, 64, 65, 66, 68, 80

〈編著者紹介〉

荻野昌弘（おぎの　まさひろ）
関西学院大学社会学部教授
1957 年生まれ。著・編著に『資本主義と他者』（関西学院大学出版会 1998 年）、*Fissures* (Ed. de la Villette, 1998)、『文化遺産の社会学』（編：新曜社 2007 年）、『零度の社会──詐欺と贈与の社会学』（世界思想社 2005 年）、*Scams and Sweeteners*（Trans Pacific Press, 2007)、『開発空間の暴力』（新曜社 2012 年）、*Un Japonais en Haute-Marne* (Ed.Châtelet-Voltaire, 2015) など。

李　永祥（リ　ヨンシアン）
中国雲南省社会科学院民族文学研究所主任研究員
1964 年生まれ。イ族出身　ワシントン大学　ph.D.　専攻は、人類学。主な著作に、『国家権力与民族地区可持続発展──雲南哀牢山区環境、発展与政策的人類学考察』（中国書籍出版社 2008 年）、『舞踏人類学視野中的彝族煙盒舞』（雲南民族出版社 2009 年）、『泥石流災害的人類学研究』（知識産権出版社 2012 年）など。

〈執筆者紹介〉（＊は編著者、[　]は担当章、50 音順）

＊荻野昌弘（おぎの　まさひろ）［第 1 章、第 3 章（共著）、第 4 章（共著）、終章］
　編著者紹介を参照

金　明秀（キム　ミョンス）［コラム (3)］
関西学院大学社会学部教授
1968 年生まれ。九州大学文学部哲学科（社会学専攻）卒業。大阪大学人間科学研究科博士課程修了、博士（人間科学）。京都光華女子大学准教授を経て現職。専門は計量社会学。テーマはナショナリズム、エスニシティ、階層など。著書に『在日韓国人青年の生活と意識』（東京大学出版会）、他がある。

佐藤哲彦（さとう　あきひこ）［コラム (1)］
関西学院大学社会学部教授
1966 年生まれ。京都大学大学院文学研究科博士課程中退。熊本大学文学部教授を経て、現職。博士（文学）（京都大学）。専攻は社会学。主要著作に『覚醒剤の社会史──ドラッグ・ディスコース・統治技術』（東信堂 2006 年）、『ドラッグの社会学──向精神物質を

めぐる作法と社会秩序』(世界思想社 2008 年)、"Methamphetamine use in Japan after the Second World War: Transformation of narratives"(*Contemporary Drug Problems*, 35/Winter 2008, pp.717-746, 2009)など。

西村正男(にしむら まさお)[第 7 章、コラム (2)]
関西学院大学社会学部教授
1969 年生まれ。東京大学大学院人文社会系研究科博士課程修了。東京大学助手、徳島大学専任講師、助教授、関西学院大学助教授、准教授を経て、現職。博士(文学)(東京大学)。専攻は中国現代文学、中国メディア文化史。主要論文に、「日本ロック創成期に中国系音楽家が果たした役割」(『野草』97 号 2016 年)、「神戸華僑作曲家・梁楽音と戦時上海の流行音楽」(『アジア遊学』183 号 2015 年)、「歌い、悲しみ、覚醒するカチューシャ――トルストイ『復活』と中国語映画」(堀・菅原編『越境の映画史』関西大学出版部 2014 年)など。

宮脇千絵(みやわき ちえ)[第 5 章(翻訳)]
南山大学人類学研究所第一種研究所員・人文学部准教授
1976 年生まれ。総合研究大学院大学文化科学研究科地域文化学専攻単位取得満期退学。博士(文学)。南山大学人類学研究所国際化推進事業担当研究員を経て、2017 年より現職。専攻は文化人類学。主要著作に『装いの民族誌――中国雲南省モンの「民族衣装」をめぐる実践』(風響社 2017 年)、『論集モンスーンアジアの生態史――地域と地球をつなぐ第 3 巻くらしと身体の生態史』(共著、弘文堂 2008 年)、主要論文に「民族服飾的品牌和流行――以雲南省文山州蒙支系苗族服飾的成衣商品化為例」(韓敏、末成道男(編)『中国社会的家族・民族・国家的話語及其動態――東亜人類学者的理論探索(Senri Ethnological Studies)』90、2014 年)など。

村島健司(むらしま けんじ)[第 2 章(翻訳)、第 3 章(共著)、第 4 章(共著)]
関西学院大学先端社会研究所専任研究員
関西学院大学社会学研究科博士後期課程単位取得退学。博士(社会学)。専門は文化社会学、宗教社会学、台湾社会研究。主な論文に、「台湾における震災復興と宗教――仏教慈済基金会による取り組みを事例に」(稲場圭信・黒崎浩行編『震災復興と宗教』明石書店 2013 年)、「宗教団体的灾后重建活動与其正当性――以中国台湾地区佛教慈善団体投入的両种灾后重建为例」(『西南边疆民族研究』第 13 号 2013 年)、「戦後台湾における日本統治期官営移民村の文化遺産化――戦前・戦後の記憶の表象をめぐって」(好井裕明・関礼子編『戦争社会学』明石書店 2016 年)など。

＊李　永祥（リ　ヨンシアン）［第 2 章、第 5 章］
　編著者紹介を参照

林　梅（リン　メイ）［第 4 章（共著）、第 6 章］
関西学院大学社会学部准教授
関西学院大学社会学研究科博士後期課程修了。関西学院大学先端社会研究所専任研究員を経て、現職。博士（社会学）（関西学院大学社会学研究科）。専攻は社会学。主要著作に『中国朝鮮族村落の社会学的研究――自治と権力の相克』（御茶の水書房　2014 年）、『フィールドは問う――越境するアジア』（共著、関西学院大学出版会　2013 年）など。

叢書「排除と包摂」を超える社会理論 1
〔関西学院大学先端社会研究所〕

中国雲南省少数民族から見える多元的世界
―― 国家のはざまを生きる民

2017年4月28日　初版第1刷発行

編著者	荻　野　昌　弘
	李　　永　祥
発行者	石　井　昭　男
発行所	株式会社　明石書店

〒101-0021 東京都千代田区外神田 6-9-5
電話　03（5818）1171
FAX　03（5818）1174
振替　00100-7-24505
http://www.akashi.co.jp

組　版	有限会社秋耕社
装　丁	明石書店デザイン室
印刷・製本	モリモト印刷株式会社

（定価はカバーに表示してあります）　　ISBN 978-4-7503-4508-6

JCOPY 〈（社）出版者著作権管理機構 委託出版物〉
本書の無断複写は著作権法上での例外を除き禁じられています。複写される場合は、そのつど事前に、（社）出版者著作権管理機構（電話 03-3513-6969、FAX 03-3513-6979、e-mail：info@jcopy.or.jp）の承諾を得てください。

部落問題と近現代日本 松本治一郎の生涯
イアン・ニアリー著　平野裕二訳
●5800円

世界人権問題叢書97 森山沾一、福岡県人権研究所プロジェクト訳
被差別部落の歴史と生活文化
九州部落史研究の先駆者・原口頴雄著作集成
原口頴雄著・福岡県人権研究所企画・編集
●8000円

差別・被差別を超える人権教育
同和教育の授業実践記録を読み解く
世界人権問題叢書93　原田彰
●4600円

最終推理 狭山事件
浮かびあがる真犯人
甲斐仁志
●2400円

未来へつなぐ解放運動
絶望から再生への〈光芒のきざし〉
宮本正人
●2300円

Q&A 同和問題の基礎知識【第4版】
小森哲郎
●1500円

であいがつながる人権のまちづくり
大阪・北芝まんだら物語
北芝まんだらくらぶ編著
●1800円

近代大阪の部落と寄せ場
都市の周縁社会史
吉村智博
●6800円

近代日本の社会的差別形成史の研究
増補『ミナト神戸 コレラ・ペスト・スラム』
安保則夫著　ひょうご部落解放・人権研究所編
●5800円

被差別部落の風景
現代日本の人権問題と向き合う
西田英二
●2500円

被差別部落の歴史
原田伴彦
●4300円

水平社宣言起草者 西光万吉の戦後
非暴力政策を掲げつづけて
加藤昌彦
●3300円

仏教と差別
同和問題に取り組んだ真言僧 佐々木兼俊の歩んだ道
下西忠、山口幸照、小笠原正仁編著
●2000円

講座 同朋運動
西本願寺教団と部落差別問題
同和教育振興会編
●各巻5000円【全5巻】

和歌山の部落史【全7巻】
和歌山の部落史編纂会編集
和歌山人権研究所著作
●各巻18000円

外国人の子ども白書
権利・貧困・教育・文化・国籍と共生の視点から
荒牧重人、榎井縁、江原裕美、小島祥美、志水宏吉、南野奈津子、宮島喬、山野良一編
●2500円

〈価格は本体価格です〉

戦争社会学 理論・大衆社会・表象文化
好井裕明、関礼子編著
●3800円

宗教社会学 宗教と社会のダイナミックス
メレディス・B・マクガイア著　山中弘、伊藤雅之、岡本亮輔訳
●3800円

越境する近代東アジアの民衆宗教 中国・台湾・香港・ベトナム、そして日本
武内房司編著
●5000円

中国の吉祥文化と道教 祝祭から知る中国民衆の心
奈良行博
●3200円

イラストで知る アジアの子ども
財団法人アジア保健研修財団編著
●1800円

在日コリアン辞典
国際高麗学会日本支部「在日コリアン辞典」編集委員会編
●3800円

写真で見る在日コリアンの100年
在日韓人歴史資料館図録　在日韓人歴史資料館編著
●2800円

東アジアの歴史 その構築
ラインハルト・ツェルナー著　小倉欣一・李成市監修　植原久美子訳
●2800円

現代中国を知るための44章【第5版】
エリア・スタディーズ 8　藤野彰、曽根康雄編著
●2000円

中国の暮らしと文化を知るための40章
エリア・スタディーズ 46　東洋文化研究会編
●2000円

中国の歴史を知るための60章
エリア・スタディーズ 87　並木頼壽、杉山文彦編著
●2000円

現代台湾を知るための60章【第2版】
エリア・スタディーズ 34　亜洲奈みづほ
●2000円

韓国の歴史を知るための66章
エリア・スタディーズ 65　金両基編著
●2000円

現代ベトナムを知るための60章【第2版】
エリア・スタディーズ 39　今井昭夫・岩井美紀編著
●2000円

現代インドを知るための60章
エリア・スタディーズ 67　広瀬崇子・近藤正規・井上恭子・南埜猛編著
●2000円

ネパールを知るための60章
エリア・スタディーズ 9　日本ネパール協会編
●2000円

〈価格は本体価格です〉

[叢書] 宗教とソーシャル・キャピタル

【全4巻】四六判／上製

櫻井義秀・稲場圭信【責任編集】

宗教思想や宗教的実践はどのような社会活動や社会事業を生み出し、ソーシャル・キャピタル（社会関係資本）を構築してきたのか。アジアの宗教、地域社会、ケア、震災復興という四つのテーマを通して、宗教の知られざる可能性を多面的に捉える画期的試み。

1 アジアの宗教とソーシャル・キャピタル
櫻井義秀・濱田 陽【編著】　　●2500円

2 地域社会をつくる宗教
大谷栄一・藤本頼生【編著】　　●2500円

3 ケアとしての宗教
葛西賢太・板井正斉【編著】　　●2500円

4 震災復興と宗教
稲場圭信・黒崎浩行【編著】　　●2500円

〈価格は本体価格です〉

シリーズ 差別と排除の〔いま〕
【全6巻 完結！】

日本社会の伝統的な差別形態が見えにくくなっている中で、インターネットといった新しい伝達手段の普及もあって、新たな差別と排除が広がっている。従来の類型を超えて「空間」「文化・メディア」「福祉・医療」「教育」「セクシュアリティ」という5つの視点から、現代の差別と排除をとらえるシリーズ。

四六判／上製

① 現代の差別と排除をみる視点
町村敬志、荻野昌弘、藤村正之、稲垣恭子、好井裕明 編著
◉2400円

② 都市空間に潜む排除と反抗の力
町村敬志 編著
◉2400円

③ 文化・メディアが生み出す排除と解放
荻野昌弘 編著
◉2200円

④ 福祉・医療における排除の多層性
藤村正之 編著
◉2200円

⑤ 教育における包摂と排除 もうひとつの若者論
稲垣恭子 編著
◉2400円

⑥ セクシュアリティの多様性と排除
好井裕明 編著
◉2200円

〈価格は本体価格です〉

叢書「排除と包摂」を超える社会理論

〔関西学院大学先端社会研究所〕

本叢書は、「排除」と「包摂」の二元論的思考を超え、「排除型社会」とは異なる社会のあり方・社会理論を構想するものである。

A5判／上製

1 中国雲南省少数民族から見える多元的世界
―― 国家のはざまを生きる民

荻野昌弘、李永祥 編著 ◎3800円

西欧的知の埒外にある中国雲南省の少数民族に焦点をあて、現地調査により新たな社会理論の構築を提示し、社会学のパラダイム転換をはかる。

執筆者◎村島健司／林梅／西村正男／佐藤哲彦／金明秀

2 在日コリアンの離散と生の諸相
―― 表象とアイデンティティの間隙を縫って

山泰幸 編著 ◎3800円

在日コリアン、在日済州人を中心とする移動するコリアンに焦点をあて、移動した人々のアイデンティティやみずからの文化の表象のあり方を探る。

執筆者◎金明秀／川端浩平／許南麟／島村恭則／山口覚／李昌益／難波功士

3 南アジア系社会の周辺化された人々
―― 下からの創発的生活実践

関根康正、鈴木晋介 編著 ◎3800円

インド、ネパール、スリランカなどの南アジア社会および欧米の南アジア系移民社会を対象に、周辺化された人々の生活実践の創発力に注目する。

執筆者◎若松邦弘／栗田知宏／鳥羽美鈴／福内千絵／中川加奈子

〈価格は本体価格です〉